思维大爆炸

挑战超级脑力的 创新思维游戏

经典图文版

未铭 ◎ 著

中国法制出版社
CHINA LEGAL PUBLISHING HOUSE

前 言

第二次世界大战时期，在法西斯主义横行的德国，犹太人遭受了惨绝人寰的迫害，然而这一切并没有阻挡思维的光芒。

在一次突击搜查中，德国盖世太保抓走了一个犹太人，只剩下他的妻子。过了一阵子，妻子给丈夫写信诉苦，表示自己难以维持生计，眼看就要到土豆收获的季节，没人翻地，自己根本忙不过来，成片的土豆就要烂在地里了。

丈夫在信中这样回复道："别动土豆，我在地里埋了炸药。"结果，没过几天，盖世太保带着一队人马把他家的地统统翻了一遍，可是根本没有什么炸药。

原来，丈夫知道盖世太保一定会查阅所有信件，他利用逆向思维，让这帮家伙帮自己免费翻地。

当然，这只是一个笑话，但显示出了创新思维的重要性。创新思维已经成为与逻辑思维比肩的重要的思维方式之一，全世界都深知创新思维的重要性，它是一个国家、一个民族崛起的关键，也是一个人成功的必备素质。

一个人思考问题的方式，决定了他的行动，是人云亦云随大溜，还是另辟蹊径别出心裁，最终决定着一个人的命运。

在这个世界上，面对一个问题，可能99%的人都会选择同样的思考方式，只有1%的人会提出不同的点子，而这1%的人之中又只有极少数的人能够付诸行动，成功者自然寥寥无几。这些成功者可谓是天之骄子，他们改变了整个世界。

当我们还在为买一部大哥大而欣喜时，有几个人设想过若干年后乔布斯携iPhone手机横空出世？

当我们还要去商店、集市购买所需的商品时，有谁想到若干年后有一个叫马云的家伙创立了阿里巴巴，想买什么东西只需要上淘宝就可以了？

当我们还在为每发送一条短信而计算成本的时候，张小龙用微信告诉人们，发信息原来可以用语音，而且还是免费的！

世界需要创意，生活需要创意，成功需要创意，而激发创意的最好方式之一就是游戏。创意是训练出来的，更是玩出来的！本书正是一本创意训练游戏合集，让你越玩越有创意。先来热一下身吧！

前言

如下图所示，你能找出其中的规律，从而得出问号处的数字吗？

C	73	H
H	289	O
U	882	U
R	?	S

看完题目之后，聪明的读者很快意识到既然是计算数字，那么一定要先找出每个字母在字母表中相对应的数值。

C=3	73	H=8
H=8	289	O=15
U=21	882	U=21
R=18	?	S=19

接下来就要寻找规律了，需要开动你的想象力，如第一行，"3"和"8"怎么才能变成"73"呢？

$3^2=9$，$8^2=64$，两个得数相加刚好是73。这个规律在接下来的三行同样成立。

第二行：$8^2=64$，$15^2=225$，两个得数相加刚好是289。

第三行：$21^2=441$，$21^2=441$，两个得数相加刚好是882。

第四行：$18^2=324$，$19^2=361$，那么两个得数相加，答案是685！

当你找到规律之后，这类游戏就会变得很简单，然而最难的则是最初的思路，很多人看完答案之后都会惊呼："我怎么早没想到！"

如果你都想到了，也就不用看这本书了。慢慢来吧，思维能力的培养并不是一朝一夕的，需要大量的练习。很多人之所以很快放弃，就是因为太枯燥了，所以我们才要把这本书设计为游戏的形式！

我们通过简单易懂的理论讲解让读者快速学会相关的创新思维技巧，然后通过大量的趣味游戏巩固加强。本书分为六大板块：创新思维、发散思维、逆向思维、联想思维、逻辑思维、图形思维，掌握了这些内容，相信你的创新水平会提升一个档次。

准备好，一口气"玩"完这本书吧！

目 录

热身闯关开始：你的智商够用吗？ / 1

第一章 创新思维——天才？疯子？傻子？书呆子？ 5

【测试】你的脑洞够大吗？ / 7

天哪，简直不可思议！ / 11

香水 =95% 的水 +5% 的秘方？ / 13

创新思维的核心思考工具 / 19

每个人的大脑都有一把锁，不是谁都能找到钥匙 / 26

创新思维游戏习题集 / 30

第二章 发散思维——谁按套路出牌谁就输了 43

【测试】你的思维能够辐射多远？ / 45

天马行空的想法，来自精益求精的练习——发散思维经典训练法 / 48

思维重生——避免思路衰竭的七种常用方法 / 53

发散思维游戏习题集 / 58

第三章　逆向思维——倒过来想问题，事情也许会变得更容易　83

【测试】听起来很简单的逆向思维，你真的具备吗？/ 85

99%的人看到一个点，1%的人看到点之外的整个世界——经典逆向思维法 / 87

逆向思维游戏习题集 / 92

第四章　联想思维——从一个点，到一张网 101

【测试】敢不敢让你的想象力放肆生长——联想能力测试 / 103

让你的想象力野蛮生长——联想思维的6种形式 / 105

激发最强创意——联想思维两种经典方法 / 109

联想思维习题集 / 111

第五章　逻辑思维——思维与诡辩的艺术 121

【测试】没有逻辑，一切都是零——逻辑思维能力测试 / 123

疯转吧，大脑！——逻辑思维经典推理方法 / 125

逻辑思维习题集 / 131

目录

第六章 图形思维——可视化思维训练 ... 149

【测试】图形理解力测试 / 151

图形推理的核心点 / 153

图形推理的4大核心能力 / 155

图形推理的分析方法 / 156

图形推理的经典解题技巧 / 157

图形推理习题集 / 162

参考答案 ... 172

第一章 创新思维游戏习题集参考答案 / 172

第二章 发散思维游戏习题集参考答案 / 177

第三章 逆向思维游戏习题集参考答案 / 185

第四章 联想思维习题集参考答案 / 190

第五章 逻辑思维习题集参考答案 / 195

第六章 图形推理习题集参考答案 / 206

热身闯关开始：你的智商够用吗？

这是一套在国际上很流行的智商测试题，为了增加难度，我们根据题意进行了相应的修改。请完成下面30道题，检测一下你的智商水平。

1. 下面几个选项中，与其他几项不同类的一项是（　　　）。

   A.羊驼　　B.枫树　　C.老鹰　　D.青蛙

2. 在下列分数中，选出与其他分数不同类的一项（　　　）。

   A.5/7　　B.5/9　　C.5/15

3. 男人→先生，女人→（　　　）。

   A.青年　　B.孩子　　C.少女　　D.姑娘　　E.女士

4. 面条→筷子，牛排→（　　　）。

   A.碗　　B.餐刀餐叉　　C.烤箱　　D.盘子

5. 狗之于狗舍，正如人之于（　　　）。

   A.牛棚　　B.马车　　C.房屋　　D.农场

6. 2，8，14，20，（　　　）。

7. 下面四个字词是否可以组成一个正确的句子：在、路上、摩托车、驰骋。（　　　）

   A.是　　B.否

8. 下面五个字词是否可以组成一个正确的句子：足球、的、用来、是、踢。（　　　）

   A.是　　B.否

9. 动物学家与社会学家，正如动物与（　　　）。

   A.人类　　B.问题　　C.社会　　D.社会学

10. 如果所有的男士都有大衣，那么年轻帅气的男士会有（　　　）。

A.更多的大衣　　B.时髦的大衣　　C.大衣　　D.昂贵的大衣

11. 1，3，2，4，6，5，7，（　　）。

12. 南之于西北，正如西之于（　　）。

A.西北　　B.东北　　C.西南　　D.东南

13. 下面几个选项中，与其他几项不同类的一项是（　　）。

A.水杯　　B.酒盅　　C.茶叶　　D.盘子

14. 9，7，8，6，7，5，（　　）。

15. 下面几个选项中，与其他几项不同类的一项是（　　）。

A.书桌　　B.茶几　　C.电视　　D.桌布

16. 请写出括号内的数字。

961，（25），432

932，（　　），731

17. XOOOOXXOOOXXX（　　）。

A.XOO　　B.OO　　C.OOX　　D.OXX

18. 望子成龙的家长往往（　　）苗助长。

A.揠　　B.堰　　C.偃

19. 请填上括号中的词。

绿油油的菜田　（油菜）　苦菜花

歌颂祖国　（　　）　莺歌燕舞

20. 下面几个选项中，与其他几项不同类的一项是（　　）。

A.地板　　B.壁橱　　C.窗户　　D.窗帘

21. 1，8，27，（　　）。

22. 请填上括号中的词。

罄竹难书　（书法）　无法无天

作奸犯科　（　　）　教学相长

23. 请在括号内填上一个字，使其既能与括号前面的字组成一个词，又能与括号后面的字组成一个词。

风（　　）人

24. 填入空缺的数字。

16，（96），12

10，（　　），7.5

25. 下面几个选项中，与其他几项不同类的一项是（　　）。

A. 斑马　　B. 军马　　C. 赛马　　D. 骏马　　E. 驸马

26. 在括号里填上一个字，使其既能与括号前面的字组成一个词，又能与括号后面的字组成一个词。

足（　　）星

27. 在括号里填上一个字，使其既有前面一个词的意思，又可以与后面的词成词组。

头部（　　）震荡

28. 填入空缺的数字。

65，37，17，（　　）

29. 填入空缺的数字。

41，（28），27

83，（　　），65

30. 填入空缺的字母。

C，F，I，D，H，L，E，J，（　　）

计分方法：每道题答对得5分，答错不得分，总分150分。

【参考答案】

1. B；2. C；3. E；4. B；5. C；6. 26；7. A；8. A；9. A；10. C；11. 9；12. B；13. C；14. 6；15. D；16. 38；17. B；18. A；19. 颂歌；20. D；21. 64；22. 科学；23. 雪；24. 60；25. E；26. 球；27. 脑；28. 5；29. 36；30. O。

按照国际智商测试题标准，人们对智力水平的高低通常进行下列分类：

1. ≥140分为天才；

2. 120—140分为非常优秀；

3. 100—120分为优秀；

4. 90—100分为正常水平；

5. 80—90分为次正常水平。

好了，当你了解自己所处的水平之后，就可以开始这本书的神奇之旅了。

第一章

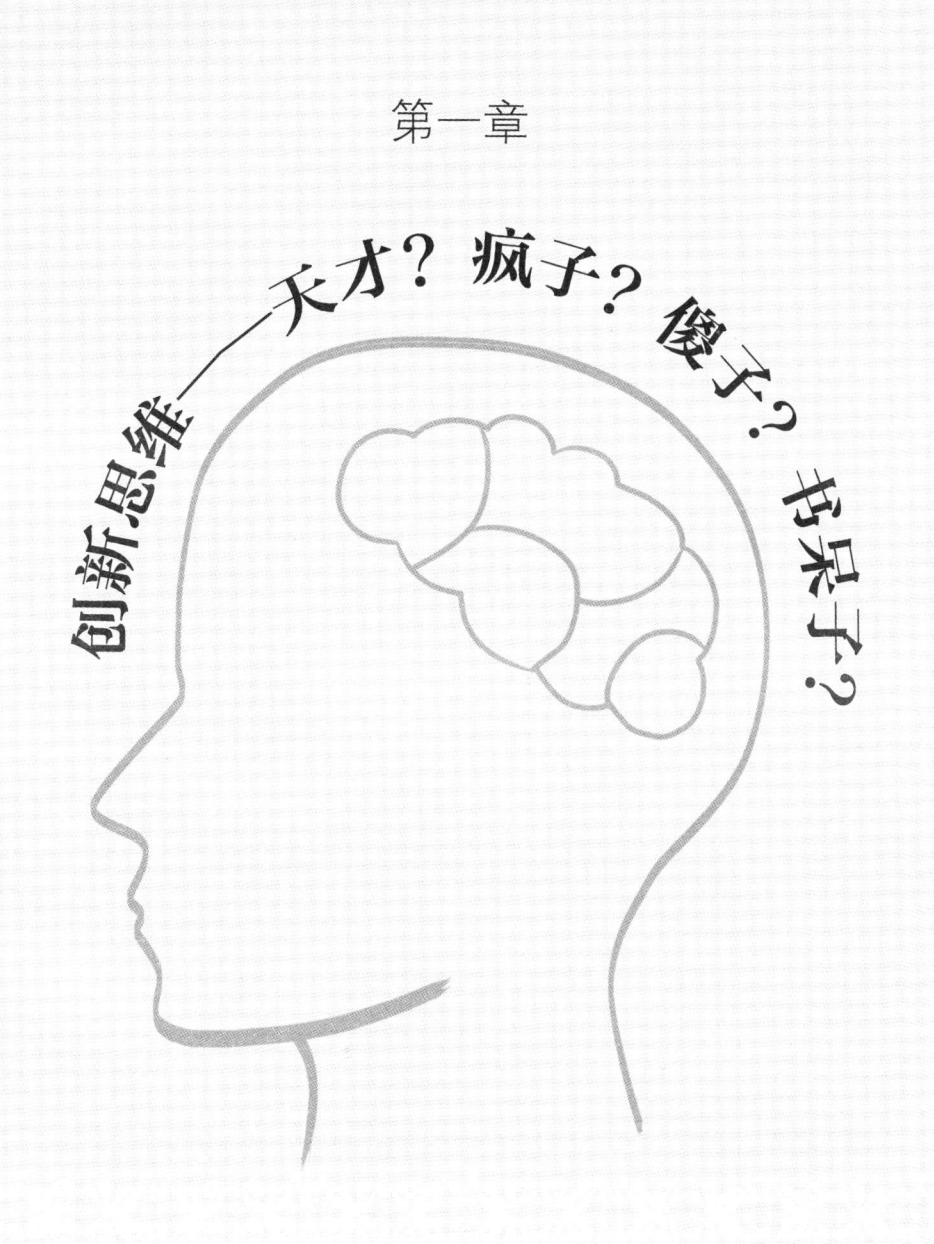

创新思维——天才？疯子？傻子？书呆子？

【测试】你的脑洞够大吗？

1. 铅笔与皮靴的共同点是什么？

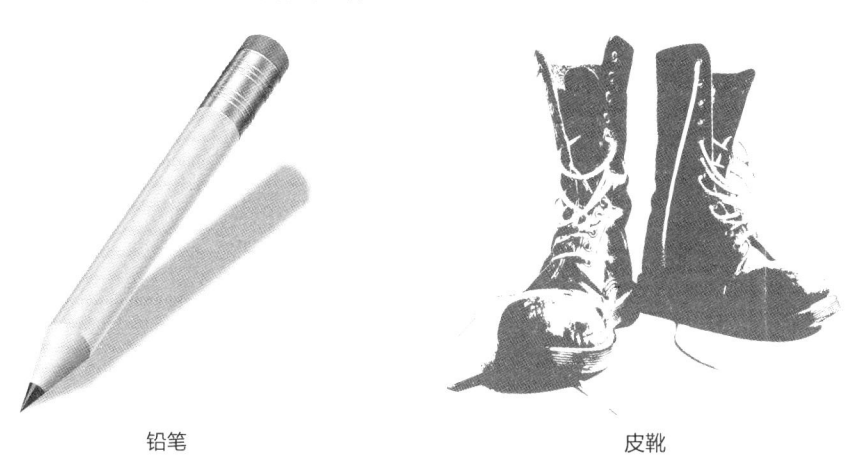

铅笔　　　　　　　　　皮靴

没有ABCD这种现成的选项，失望了吧？自己想，使劲儿想，脑洞大开，把你想到的答案都写出来。别怕错得离谱，别怕被嘲笑，这道题最大的失败就是没有想出任何一个答案。

2. 如果你是面试官，需要给应聘者出一道脑洞大开的题目，目的是检验他们的创意，你会怎么设计呢？写出你的问题（限时60秒）。

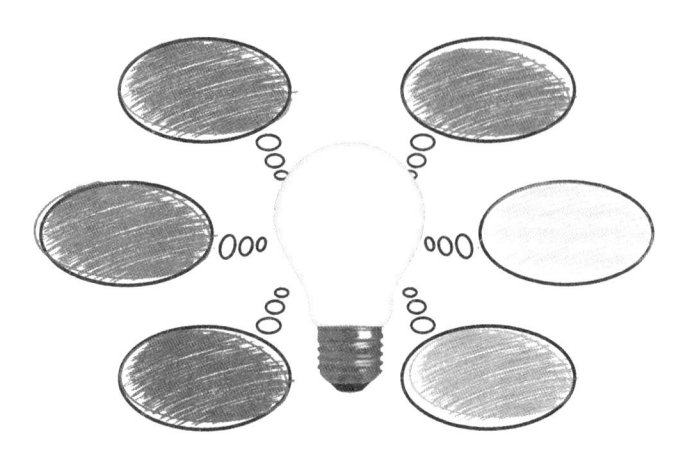

3. 你能在60秒之内想出多少个圆形的物体？（每一种类型只写一个，如足球、篮球这种同类的写一个就行。）

跳出常规思维的答案优先，如我首先想到的是足球，这样的答案没问题，只不过太常见了，如果你说动画片《大头儿子和小头爸爸》里面儿子圆圆的脑袋，那么你就赢了！

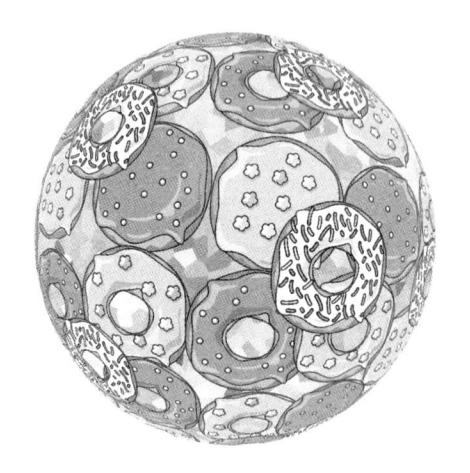

如果你首先想到的是甜甜圈，你一定是个吃货

4. 注意了，这道题据说是苹果公司的考题：如果你是一位送比萨的快递员，你没有在规定时间内将比萨送到，请问这时一把剪刀对你有什么用？

放飞自我？

千万别犯傻，给你一把剪刀并不是让你像上面图片里的大叔那样放飞自我的，为了几块钱的快递费不值得。当然更不是让你杀掉客户的，脑洞大开可以，但是没让你开这么大！

记住，你的任何回答都有可能不符合面试官的预期，尤其是苹果公司这种世界级企业，他们的HR都是见过世面的。不要绞尽脑汁琢磨正确答案，因为根本就没有所谓的正确答案。就像那句歌词唱的："是谁出的题这么的难，到处全都是正确答案。"自由发挥，写出你的答案。

【评分标准】

这四道题并不是常规测试题，所以没有严格的评分标准。

第一题属于脑筋急转弯，答对了算你厉害，此处提供的答案仅供参考，也没准有其他答案，只要你觉得合理就没问题。与参考答案一样，恭喜你，你太厉害了，给你3分；如果你有更合理的答案，给你1分，因为我没想出来；想不出答案的人应该为数不少，或者答案过于牵强，连你自己都看不过去的，就别要分了，0分！

第二题，只要你能设计出一些问题，都可以拿到分数。具体怎么给分，如果你对自己设计的题目感到很兴奋，认为自己简直就是天才，拿走3分；如果感觉一般但是也有合理之处，给你1分；没想出来的，0分。

第三题，由于圆形物体比较常见，所以如果你连5个都没写出来，就别要分了，给你0分；写出5—10个，得1分；写出10个以上得3分。

第四题也没有标准答案，如果你想不出来，0分；如果你觉得自己的答案还能说得过去，得1分；如果你觉得自己的答案无与伦比，得3分。

【参考答案】

1. 铅笔与皮靴的共同点就是，它们走过的路，都会留下痕迹。

2. 这道题没有所谓的正确答案，你在1分钟之内写出来的问题，花10分钟时间反复思考，如果依旧觉得你的问题创意十足，那么这道题你就过关了。

3. 圆形物体很多，但这道题看似很简单，等你真正动手写下来的时候就会发现自己的想象力欠费了。如果你能在1分钟之内写出20个，算你狠，至少领先我好几条街了。（百度搜索的不算，还能不能一起玩耍了？）

4. 如果是我，我可能会用剪刀把衣服剪烂，然后对公司说我遇到了一群小流氓，非要抢我的比萨，我拼了命保住了客户的订单。当然，我也会把同样的故事讲给客户听，然后求对方给我一个好评。

【结果分析】

9—12分：当然我觉得不太可能，除非你是一个超级自信的自大狂。如果你给自己打满分，那么你的大脑应该充满了各种改变世界的想法。

3—9分：你已经很厉害了，天马行空，你的创造力完全没问题。

0—3分：你的想象力差点意思，创意可能跟你没有缘分。

0分：不要惊讶，一分不得的肯定大有人在。如果你拿了大零蛋，我觉得你更有必要好好玩一下这本书里面的游戏了，至少能帮你稍微提升一些创造力。

天哪，简直不可思议！

创新改变世界，只要你能想到的，人类一定可以创造出来。打开你的脑洞，不要限制自己的想象力，平庸不会让世界更美好，只有创新才可以。

下面这些提升创新思维的方式，你想到了吗？

1. 习惯性地问："我还能做什么？"

平庸者永远都在坐享其成，他们认为自己轻而易举地得到了免费的产品，实际上却正在为少数人埋单。要成为少数人，第一步就是"想到"，当你对看见的一切习以为常时，说明你已经懒得思考了。

你必须改变这一点，当你看到一个三角形时，你可以试着问自己："生活中有多少种三角形的物体呢？"

相信我，如果不借助网络，你可能连6个都答不出来。

衣架、金字塔、交通路标……

还有什么？试着写一写吧！

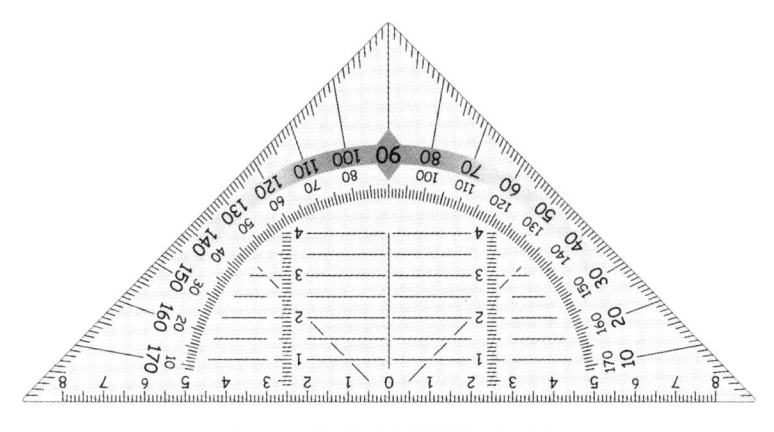

学生一定会率先想到常用的三角尺吧

培养创新思维，一定要让"我还能做什么"成为一种习惯，你能想到的任何一点改变都是创新思维的闪现，不要担心被人嘲笑，不要怕做无用功，即使99%的创意都是无效的，但它们100%可以提高你的创新思维。

兄弟，你赚大了！

2. 把眼睛睁大，别丢了你的好奇心

创意来自观察，善于观察发现的人，能时刻保持对周围世界的好奇心，善于发现别人忽视的东西。

接打电话很简单，为什么不试着发掘一下其他功能呢？

每天上班或上学的路上，大家都在低头玩手机，你有没有想过放下手机，看一看人们的表情，揣摩一下他们的心情？

新买的手机很快就失去了新鲜感，然而每一个新功能你都会用了吗？

3. 拥抱荒谬，提一些稀奇古怪的问题

这个世界上有很多有趣的想法都诞生于荒诞，放在以前，谁能想到

"黑暗餐厅"？不开灯怎么吃饭？

有没有想过有朝一日办公可以回归大自然，每个人都在树上办公。为什么不行呢？

……

不要怕你的点子过于离奇，大胆提出来就是迈出了第一步。所有古怪的问题都可以有一个合理的解释，别人笑你傻？那是因为他们根本没听懂！

给马穿上皮靴，你能想得到吗？

香水=95%的水+5%的秘方？

网上有一段话很流行，说的是一瓶香水，95%都是水，只有5%的独家配方，从而将一块钱的东西，卖到了成百上千块。虽然香水的原料配比应该不只如此简单，但是这种说法让我们更好地明白了一个道理：只有5%是与众不同的。

其实，是天才还是普通人，全在于想问题的方式。5%的天才改变世界，95%的普通人坐享其成。你是想成为改变世界的少数人，还是碌碌无为、只会坐享其成的大多数人呢？

接下来，分享一下创新思维的5种经典思考模式，如果你想成为5%的少数人，这些都是你必须弄明白的。

1. 辐射思维

辐射思维，实际上就是发散性思维，从某个事物的特征、背景、相关线索发散开来，有助于扩展思路，一题多解、一事多法、一物多用等，都属于辐射思维。

辐射思维无论在工作中，还是在生活中，都发挥着至关重要的作用。例如，你是一位销售员，这个月业绩滑坡，只完成了规定业绩的30%，因此面临非常大的压力。

这时你就需要利用辐射思维进行更全面的思考，找出你业绩差的原因是什么？

- 季节性因素。由于天气太热，来店客人减少。
- 政策调整。市场政策变化、公司政策调整。
- 个人原因。最近失恋了，导致工作积极性大幅降低。
- 能力退步。销售技巧、话术落后，不符合现代市场的需求
- ……

分析问题，一定要多角度发散性思考，不能只看到表面原因，否则这一次你解决了一个问题，下一次还会再出现类似的问题。只有利用辐射思维，才能全盘思考，发现更多潜在的问题，从而一步步剖析出问题的本质，从根源上彻底解决问题。

【练习题】

你能想到多少个三角形的物体？

这是当年我在面试的时候遇到的笔试题，当时年轻什么都不懂，看

到题目之后"扑哧"一声笑了出来，心想这是什么破题，于是拿起笔就写：三角尺、金字塔、三脚架……卡壳了，十分钟过去了，我想到的最后一个答案——糖三角。

别笑我，你试试看，除了上面这些答案，你还能想到多少个三角形的物体。

辐射思维是创新思维的关键，我们会在后面重点讲解，到时会有更多练习题。

2. 多向思维

顾名思义，多向思维就是尽可能从更多的角度思考问题，而不是局限于点、线、面的限制，即所谓立体化思考。

这是一种聪明人的思考方式，遇到问题的时候，除了立即想到的解决方式，还会尝试列出其他解决问题的思路。看似浪费了时间，实际上往往能够发现更简便、更高效的方式。

经常听到有人说，你的问题就是想太多，自寻烦恼。我的看法则是，别听这些人的，只有笨蛋才相信这类鸡汤话，现代社会竞争如此激烈，如果你什么都想不到，你的结局就是：

一事无成+一无所有+一穷二白。

我在《大脑训练之道》这本书里面讲过一个笑话：

某天，一位老师在课堂上提问："树上有10只鸟，猎人开枪打死了1只，还剩下几只？"

本来很简单的问题，却因为一个学生的提问，让整个课堂"炸锅"了。

该学生突然站起来问道："请问猎人用的是什么枪？"

老师回答说:"来复枪。"

"射出的子弹是单粒子弹还是散弹?"

"单粒子弹。"

"枪声有多大?"

"80到100分贝。"

"这些鸟里面有没有聋子,听不见?"

"没有。"

"这只鸟确定被打死了吗?"

"是的。"

"鸟是不是被关在笼子里面,挂到树上的?"

"不是。"

"有没有怀孕的?"

"没有。"

"旁边有没有别的树,别的树上还有没有鸟?"

"没有。"

"有没有受伤或饿得飞不动的鸟?"

"没有。"

"树上只有10只鸟?"

"是的。"

"有没有可能一枪打死两只鸟?"

"没有。"

……

这虽然只是一个笑话,却展现出多向思维的重要性。尤其是青少年,在没有形成思维定式之前,多向思维能力有助于其更开阔地思考问题,能够更好地激发大脑潜能。

3.逆向思维

逆向思维是指当常规逻辑不起作用时，试着从相反的方向思考，也许就会得到意想不到的结果。

假设有一款赛车游戏，参赛的选手身处一个环形跑道中，他们的目标是活着冲过终点线，拿到象征胜利的金钥匙，这样就可以得到巨额的奖金。这个环形跑道上设置了各种机关，最令人绝望的是，有一个超级怪兽，扮演着"终极boss"的角色，它是一个庞然大物，死死矗立在终点线的前面，它虽然不会移动，但是可以轻易碾碎想从它身边穿越的赛车。

所以，即便是能够通过前面机关的选手，也会死在超级怪兽的手里，顺利抵达终点看似是一个不可能完成的任务。

如果你是其中一位赛车手，在前面这么多竞争对手非死即伤的情况下，你要如何面对怪兽，通过终点线呢？

试着利用逆向思维，将你的答案写下来。

_____

_____

善于逆向思考的人会发现答案很简单，既然怪兽不能移动，而硬闯又是不可能的，那么完全可以反向而行，从怪兽的身后接近终点线，最终拿到金钥匙。

逆向思维是很重要的能力，我们在后面会单独利用一章进行讲解。

4.原点思维

原点思维的意思就是，面对一个问题的时候，返回原点思考。一般有两种方式，第一种是从源头开始分析，工作量比较大，适合对问题毫无头绪的情况；第二种是自己设定一个原点，这种方式建立在对事物、问题有一定认知的基础之上。

针对第一种情况举例：如果你是某公司分管北京地区的销售主管，

公司突然让你改做人力资源管理，这种情况下你就需要返回源头思考，从头学习人力资源管理方面的知识。

针对第二种情况举例：如果你是某公司分管北京地区的销售主管，公司将你调到深圳继续做销售主管，这种情况下你就可以自己设定一个原点，因为你拥有相关经验，所以在思考问题的时候没必要回到最初的原点，这样可以节省很多时间与精力。

5.联动思维

联动思维指的就是不局限在事物表面，而是进行由现象到本质、由表及里、由正到反的联想和推理。联动思维具有连续性、形象性、概括性的特点，有助于开发大脑的想象力。

联动思维在实际工作与生活中的作用也是很明显的，有助于产生更多创新的点子，从而快速解决问题。

联动思维具有两面性：积极联想与消极联想，如何发挥你的想象力决定了最终的结果。

一家普通的餐厅，为了吸引顾客设计了几道新鲜的菜品，厨师长绞尽脑汁，对菜品进行了一次"颜色加工"，将土豆变成了红色，将牛排做成了乳白色，将芹菜弄成了淡紫色……

实际上这些菜品的口味没有太大变化，而且推出之前餐馆的工作人员普遍反响不错，甚至认为比之前的口味更好。结果，客人对这样的菜品并不买账，有些人甚至只吃了一口就吐了。

对面餐厅的老板也看到了这次活动，觉得这是一个很有创意的点子，于是让厨师制作了同样的菜品，也搞了一次活动，只不过他将这次的主题设置为"黑暗料理"，餐厅也被布置为昏暗的色调。活动当日吸引了很多人，食客看着满桌颜色稀奇古怪的菜品，都觉得新鲜刺激，食欲大增，最终这次活动大获成功。

联动思维具有很强的心理作用，实际上是一种自我心理操控的过程，怎样想就会产生怎样的结果。

创新思维的核心思考工具

1.脑力激荡法

脑力激荡法又称头脑风暴法、自由思考法等，由美国创造学家A.F.奥斯本于1939年首次提出的一种激发性思维方法。

这种思维方法经常被用在群体决策中，由于每个人都容易受到权威效应及从众心理的影响，为了保证群体决策的创造性，提高决策质量，一般都会选择头脑风暴法。

我在《人生总会有办法》这本书里面讲过头脑风暴法，这里我们再来简单说一下它的四点原则，只要遵循这四点原则进行思考，一定会想出很有创意的点子。

原则一："胡思乱想"。

你的想法要跳出平时的思维束缚，大胆想象，此为原则之一。比如，关于上楼梯这件事，你能想到什么？

楼梯是"死的"，不会动，人们爬楼梯很吃力。

如果楼梯"活了呢"？

也就是说，楼梯动，人不动，这样不就省力了吗？

于是，电梯被发明出来了！

原则二：会后评价。

由于头脑风暴法被广泛运用于会议之中，如果在会上对他人作出评价，势必会引起讨论或者影响他人情绪，都不利于思路的延续。所以，即便是一些很愚蠢的想法，与会者也不能发表任何意见，有问题可以在会后表态。

原则三：以量求质。

你不是大师，也不是预言家，不可能每个点子都很高明，所以就要求与会者尽可能多地提想法，然后从大量的设想中筛选出少数高质量的想法。

原则四：思维便车。

所谓思维便车，就是大胆借鉴他人的想法，灵感这种东西是没有专利的，完全可以在其他人想法的基础上加上自己的见解，这是一种省力的聪明做法。

例如，《所谓情商高，就是会说话》这本书火了，然后很快就出现了一系列同类书：《所谓情商高，就是会说话》（日常生活版）、《所谓情商高就是会说话》（人际沟通圣经）、《所谓情商高，就是会说话办事》、《所谓情商高，就是会沟通》……

接下来，我们用一个网上的故事进行分析，这个故事很可能是杜撰的，但是并不妨碍我们以此来举例说明。

美国北方的冬天经常下大雪，导致电线常被积雪压断，严重影响通信。大家一直试图解决这个问题，却苦于没有好办法。直到电信公司经理奥斯本利用头脑风暴法，尝试解决这一难题。

故事看到这里有些人就觉得不对劲了，前面说的是美国创造学家A.F.奥斯本发明的，这里怎么又变成电信公司经理了？

我查了相关资料，A.F.奥斯本是美国BBDO广告公司（Batten, Bcroton, Durstine & Osborn）创始人，BBDO公司前副总经理，履历上没写着在电信公司任职。所以我猜测这个故事并不是真的，但并不妨碍我们用来分析，我们就按照这个故事继续往下讲。

奥斯本召开了一次技术会议，要求与会者必须遵守以下原则。

第一，自由思考。就是我们前面提到的"胡思乱想"原则，要求与会者尽可能解放思想、畅所欲言，不必担心自己的想法过于荒唐。

第二，延迟评判。也就是会后评价，要求与会者在会上不要对他人的想法评头论足，不要发表任何意见，而是留在会后具体讨论。

第三，以量求质。即鼓励与会者尽可能多地提出设想，以大量的设想来保证质量较高的设想的存在。

第四，结合改善。就是之前提到的思维便车，即鼓励与会者积极进行智力互补，结合别人的想法，提出更新、更完善的点子。

会议结束了，议会者提出了一些设想：

- 专用的电线清雪机。
- 利用电热来化解冰雪。
- 利用振荡技术来清除积雪。
- 乘直升机飞上去人工扫雪。

"坐飞机扫雪"的想法显然很荒唐，然而基于头脑风暴法的原则，没有人提出批评。相反，有一位工程师因此想出了一个点子：

每当大雪过后，出动直升机沿积雪严重的电线飞行，依靠调整旋转的螺旋桨即可将电线上的积雪迅速扇落。

其他工程师也按照这个思路，不断提出新的设想，最终提出了将近100条想法。经过可行性验证，以及现场试验，公司发现用直升机扇雪真能奏效，就这样一个难题被攻克了。

2.曼陀罗思考法

曼陀罗思考法，也被称为九宫格思考法，是一种图形化的思考和记录方法，兼具左脑与右脑思维的工具。这种方法有助于改变我们从小到大习惯用直线思考的模式，启用人的右脑实现了创意性思考，长期坚持使用这种方法，创造力会得到显著提升。

曼陀罗思考法主要分为两种类型：扩散型与围绕型。

类型一：扩散型。

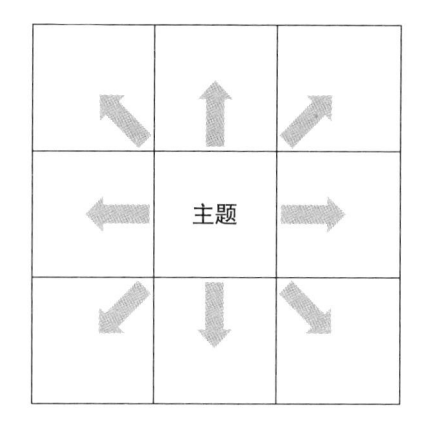

↖	↑	↗
←	主题	→
↙	↓	↘

以九宫格的中央方格为核心主题，向外联想出相关概念，其余八格的概念都与核心主题相关。

扩散型曼陀罗法是一种不设限的思维模式，特别适合用来收集灵感进行创意思考。

具体使用方法：将主题写在九宫格中间，然后发挥创意逐步填满其他八个空格。如果持续想出不错的点子，还可以将周围八个格子作为中心主题进一步扩散。

下面是一个案例，以"相亲"为主题进行扩散，联想出更多的条件。当然，这是一个比较夸张的案例，很可能没有结果。

有车	有房	有钱
英俊潇洒	**相亲**	风流倜傥
父母高知	身高185cm	研究生学历

类型二：围绕型。

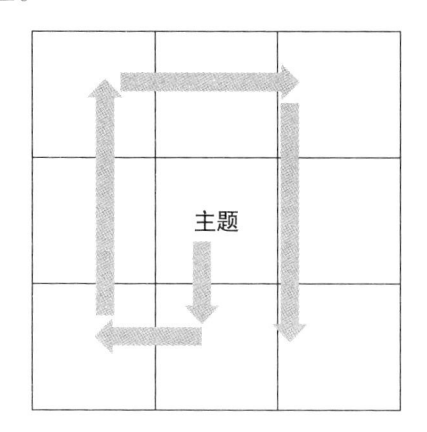

另一种形式是"围绕型"，这是一种顺时针的思考顺序，在中心格列出主题，便可以开始以顺时针的方式填满其他八个空格，适合做流程性质的思考与安排，如日程表。

12:00—13:00 午休	13:00—15:00 外出时宜	15:00—16:00 汇报工作
11:00—12:00 完善报告	**每日工作 计划**	16:00—17:00 撰写第二天 工作计划
9:00—11:00 联系客户	9:00 晨会	17:00—22:00 应酬

不要小看这种简单的思考工作，很多时候好点子都是一步步激发出来的，围绕主题释放灵感，大胆想象，将你的思路填满空格，你会发现很多有趣的想法，而这些很可能是你之前并没有意识到的。

3.三三两两讨论法

三三两两讨论法是指每两人或三人自由组合，形成一个小团体，在三分钟时限内，就讨论的主题相互交流意见。三分钟后，每个小团体再回到团队中作汇报。这种思考方式有利于深度交流,利用每个人不同的想法,形成创意点。

三三两两讨论法的步骤也很简单。

第一步:先将大团体分成若干小组,采用自由分组的形式,每组两人或三人。

第二步:各组在三分钟之内,就讨论的主题或问题,互相交流意见,分享各自看法。

第三步:各组选出一位代表,提出该小组讨论的结果。

第四步:统计结果,评估每组结论的优缺点。

三三两两讨论法有点类似于头脑风暴,每个人提出自己的意见,择优选择,最终筛选出最有创意的想法。

4. 菲利浦斯66法

菲利浦斯66法又被称为六六讨论法,同头脑风暴法、三三两两讨论法类似,也是一种以脑力激荡法为基础的团体式讨论法。

该方法适合于团队人数较多的情况,避免因为人数过多不利于自由发言,让每一位参与者都可以增加发言机会。

菲利浦斯66法的操作方法是将整个团队按照每六人一组进行划分,每组只进行六分钟的小组讨论,每人一分钟,然后再回到大团体中进行分享及做出最终评估。

具体步骤如下。

第一步:自由组合,每六个人一组。

第二步:每组确定讨论主题。

第三步:选出一位主席(主持人)、一位计时员、一位记录员。

第四步:每一位组员围绕主题轮流发言,限时一分钟,主席(主持人)需要严格控制时间,到时间就喊停并让第二个组员发言。在此过程中,其他组员需要仔细倾听并记录,待所有成员发言后提出问题。

第五步:全组发言结束之后归纳结论,并推选一位发言人代表全组汇报。

菲利浦斯66法最大的特点就是让每位参与者都有发表意见的机会,同时有助于形成热烈的氛围,从而更好地激发创造力。

5.希望点列举法

希望点列举法是由美国内布拉斯加大学的罗伯特·克劳福特发明的,是一种通过不断地提出"希望""愿望",探求解决问题和改善对策的思考方法。

随着人们不断提出新的愿望,更有创造力的想法也会应运而生。古往今来,梦想支撑着人类社会的进步:

人类希望像鸟儿一样翱翔天空,于是发明了飞机。

人类希望探寻除了地球之外的另一个星球,于是阿姆斯特朗登上了月球。

人类希望打发闲暇时光,于是发明了电视机。

……

不断提出希望,就会不断激发大脑去思考,只有想不到的,没有做不到的,为了激发更有创意的点子,每个人都应该大胆想象。

希望点列举法的具体实施步骤如下。

第一步:激发希望。

第二步:收集希望。

第三步:研究希望。

第四步:满足希望。

根据上述步骤,用一个简单的例子进行讲解。

在共享单车出现之前,几乎每家都有这样的烦恼,自行车骑出去总是提心吊胆，因为偷车现象太严重了，很多家庭都有过丢失自行车的经历，而且还不止一辆。

我就丢过三辆自行车，有一次甚至刚停在马路边，不到十分钟再回来就丢了。那时出行之前都特别纠结，坐车太麻烦，骑车又怕丢，我就想如果自行车可以共享就好了，骑到哪里把车一锁，什么也不用担心了。

实际上这就是第一步——激发希望。肯定不止我一个人有这样的想法，随着共享概念的提出，相关公司开始进行第二步与第三步，也就是收集希望、研究希望，当发现这是一个商机之后，进入第四步，实质性阶段，发明了共享单车满足人们的希望。

在使用希望点列举法时，大胆想象很重要。当年一定有很多人想到了自行车共享的点子，但是觉得在没有其他基础的前提下提出来显得很荒唐。我想表达的意思是，不要怕被人嘲笑，越是荒唐的点子越可能激发出绝妙的创意。在使用希望点列举法解决问题时，先大胆提出你的希望，然后剔除无法实现的想法，最终筛选出来的也许就是一个绝妙的创意。

每个人的大脑都有一把锁，不是谁都能找到钥匙

创造力是天生的，但创造力的发挥更多地则是依靠后天对生活的观察与发现。然而令人遗憾的是，很多时候，即便你很想提高创造力，很努力地学习、积累经验，仍无法为你的大脑解锁，你还是以前的"榆木疙瘩"。

接下来将要讲到的这些内容，会在很大程度上帮你的大脑解锁，激发出你的创意潜能。

1.思维切换

哥伦比亚大学发布过一项研究，指出创意过程实际上是一个极其重

要的认知过程，我们可能不会专注于手头的任务，而是建立联系，从而帮助我们解决更大的问题。

实际上，在解决具体问题的过程中，我们很难一直保持专注思维，很可能因为没有思路而卡壳，这时候就需要切换思路，从事其他放松性的事务。

因此，当你遇到一个问题时，不妨先把思路整理出来，如果思路卡壳，马上切换到其他事情上，如听听音乐，出去散散步，等到思路重新涌现时再继续。

2.随时记录灵感

我们知道，灵感是稍纵即逝的，有些时候你觉得自己已经记住了，但突然接到一个电话，再回过头来发现全都忘了。有些时候，我在浅度睡眠中会想出一些很好的点子，但是又懒得起来，结果第二天早上全都忘了。

所以我建议，如果你是笔记控，可以随身携带一个笔记本，将灵感随时随地记录下来。如果你觉得拿一个笔记本太麻烦，完全可以通过手机便签记录，这些信息都来自大脑的闪光时刻，千万不要忽视它们。

3.寻找全新的体验

创意不仅源于知识的沉淀和积累，也来自对未知事物的探索，全新的体验可以更好地激发大脑潜能。

提到探索未知世界，很多人想到的就是出门旅行，这的确是一种不错的方式，但实际上一些微小的改变就能起到作用。例如，换一个发型，去一家新的餐馆，尝试一项从没有参加过的体育运动。

4.冥想

冥想是非常有效的，具体练习方法有很多，要找到适合自己的方式。冥想是最容易想到好点子的，安静下来，也许只需要10分钟，你就可以想出一个好点子。

5. 小睡

当你累了的时候，当你脑子开始不灵光的时候，当你不知道其他更有效的方式的时候，睡觉也许是最合适的选择了。在办公桌上趴一会儿，只要能小睡10分钟，精力就会迅速恢复，有助于重新开启高强度的脑力活动。

6. 施加压力，设置一定的限定条件

人在一定的压力之下才能更好地提高创造力，也就是急中生智。美国一些从事大脑研究的学者发现，创意是在更高的结构条件下，外部加强限制的表现形态。

因此，当你从事创造性工作时，学会给自己设定一些限制条件，可以提高大脑皮层的活跃度，更好地激发创造性。

7. 习惯性地问自己："我还能做什么？"

当你面对一个问题时，从高效率的角度讲，你可能只需要一个答案，而当你想出一个答案之后，很可能就会停止思考。但是你自己很清楚，这个答案并非最佳答案。

如果你养成这样的习惯，每当完成一件事时，习惯性地问自己："我还能做什么？"你就会花一些时间去寻找更多答案。

每一次提问，每一次质疑，都会产生不同的答案。如果你只满足于一个答案，你就会像大多数人一样变得平庸。

8. 观察生活中的每一处细节

每一位有创意的人实际上都是一位观察家，他们的创意来自日常观察，他们时刻对这个世界保持着浓厚的好奇心，所以才能发现、收集和

利用其他人忽视的东西。

9.简化思维

信息过载、复杂烦琐的工作，只会让大脑陷入低效的泥潭，你需要的是简化思维，将复杂的任务简单化，这样才能将大脑解放出来，去思考更多有创造性的点子。

给你六个词，你能讲一个既有情节，又有卖点的故事吗？

不可能？

欧内斯特·海明威就可以！

10.也许荒诞会造就一个有趣的你

由于受传统观念等因素影响，中国人对荒谬的事情接受度还不够，一个想法荒诞的人很可能会被认为是离经叛道。现在的年轻人思路已经越来越灵活，拥抱荒谬虽然不会让你成为非凡的人，却很可能塑造一个有趣的你。

所有荒诞的想法都源自创意，大胆练习，你不仅不会被视为异类，反而会变得很有想法。

11.改变习以为常的一切

当然，这也是有前提的，如你不能频繁换女友，更不能没事换老婆。当你对一切感到习惯之后，灵感就会消退，这时你就需要改变，重新让大脑出现闪光点。

例如，可以定期改变家具的位置，改变生活的环境，等等。这一点与前面提到的创造全新的体验很像，都可以重新激发灵感。

1917年，艺术家马塞尔·杜尚就意识到了这一点，他把男式小便器命名为"泉"，并把它送到一场艺术展。当然，他被愤怒地拒绝了，但这次艺术行为，被认为是20世纪艺术的一个重要里程碑。

创新思维游戏习题集

1.如果ABC→ABD，那么XYZ→？

这道题很容易，关键在于找出解题思路，联想出更多的答案。

如果ABC→ABD，那么XYZ→？

AB不变，C换成了D。那么XYZ→？

可以肯定的是，XY保留，那么只需要了解26个字母的排列顺序，找到Z后面的那个字母就可以了。Z是最后一个字母，很显然，是要再从头来一次，就是A。

答案就是：XYA。

很简单吧？但如果你只能想到这里，那么前面教给你的锻炼创新思维的方法就算浪费了。别只顾着做题，题海战术是应付考试的，你需要掌握的是关键方法。

在这里插一句，我突然想起当年学车的时候，科目三考试有一个关于灯光使用的考点，要求根据语音提示选择使用相应的灯光，但是教练教的时候只是强调死记硬背，六种灯光让学员反复练习，目的是让学员形成习惯。

实际上这就是培养一种思维定式，如果根据语音提示，理解着记忆，一遍就能记住了，而不由分说反复操作六种灯光，绝对不算是最好的办法。

回到正题，前面讲过一系列的创新思维方法，其中第一条就是习惯性地问自己："我还能做什么？"

你已经得到了一个答案——XYA。你应该问自己："这是唯一的答案吗？""会不会还有其他的答案？"

如果ABC→ABD，那么XYZ→？

能不能是XY1呢？

为什么不可以呢？规则又没有强调不能是字母加数字的组合。

26个英文字母，如果用数字表示，ABC就是123，ABD就是124。Z是第26个，Z后面自然就是1，所以XYZ→XY1！

2. 如何在两枚硬币中间竖起一本书？

在桌面上摆放两枚硬币，要求相互接触，这一步很容易。接下来，变态的要求来了：

你可以接触其中一枚硬币但不可以挪动它，同时你可以挪动另一枚硬币但不能接触它。

这是什么逻辑？再来看更变态的要求：在两枚硬币间竖着放一本书。

这是什么破题？想把两枚硬币竖起来都不容易，更别说放上一本书了。朋友们，发挥创意的时候到了，你们能想出答案吗？

【思路随想】

这么"变态"的题目，你有想法吗？

_____

_____

3. 如何让硬币掉入瓶口？

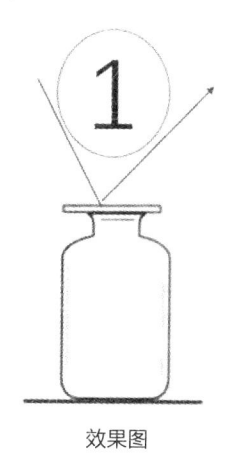

效果图

找一个广口瓶，瓶口不用太大，将一根火柴棒对折，但不要完全折断，而是"藕断丝连"的状态，呈一个"V"字形。之后，把火柴棒放在瓶口，再去找一枚硬币，一定要是比瓶口小的硬币，放在"V"字形的火柴棒上。

问题来了：在不用手或者其他工具接触"V"字形火柴棒和硬币的前提下，你能想出办法使硬币落到瓶子里去吗？

【思路随想】

网友A：使劲吹气。

你的肺活量够用吗？

网友B：疯狂摇晃瓶子。

你试试看，是硬币落入瓶口的概率大还是被你摇到地下的概率大。

网友C：用吹风机吹。

这可能是一个办法，但是风太大可能把硬币吹跑了，风太小又不管用，不过你可以试一试。

发挥你的想象力，还有什么想法，先写出来再看答案。要知道，有时候答案并不是唯一的，你的创意也许会更好。

4.如何用铜线熄灭蜡烛？

某天，化学老师在课堂上提了一个问题："同学们，你们知道什么物质能灭火吗？"

同学们纷纷回答："水啊。""沙子也行。""二氧化碳也可以。"……

读者朋友，你还能想到什么吗？写下来再去看答案。

我还能想到的答案包括：干粉灭火剂、泡沫灭火剂、淋湿的棉被。

接下来，化学老师继续说道："如果我给你们一根铜线，你们能灭火吗？"

一位同学说："那怎么可能？老师你疯了，拿着铜线在火堆里面瞎比画？"

同学们哄堂大笑，老师也笑了，说道："当然是有前提的。"

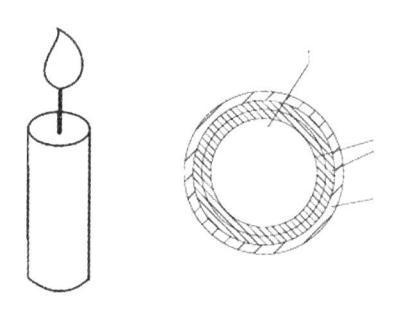

如何用铜线熄灭蜡烛？

这道题是这样的：一根点燃的蜡烛，一根较长的粗铜线，在不许用铜线触碰蜡烛的前提下，如何将点燃的蜡烛熄灭？

看到完整的题目，你还觉得不可能实现吗？

【思路随想】

网友A：用铜线疯狂削火苗。

你以为自己是剑圣？

网友B：直接吹灭蜡烛。

老师："这不是脑筋急转弯，不然我费这么大劲强调铜线干吗？"

还有没有疯狂的想法，都写下来吧！

5.你能活下来吗？

看到题目你可能会被吓一跳，我们假设你被犯罪分子绑架了，被困在了一栋大楼的楼顶。为了更生动形象地阐述这道题，我们假设你在北京的京广中心大厦，这里曾经是北京的标志性建筑。京广中心大厦高209米，为了便于计算，我们就按照200米计算。犯罪分子将你绑在一张椅子上，而你设法挣脱了出来。这时你想逃跑，可是唯一的出口有人把守，所以你不可能就这样大摇大摆地跑掉。

为了求生，你决定铤而走险。你身边有一根150米长的绳子、一把瑞士军刀和一个铁钩子。这时你想到了电影中的超级英雄，虽然你不会飞，但是还是鼓起勇气往楼下看。

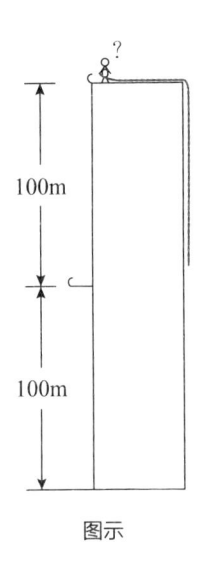

图示

你发现大楼正中间，也就是100米高的位置上，刚好有一个可以落脚的金属支架，上面还有另外一个钩子（如上图所示）。

时间一分一秒地过去，绑匪很快就会回来，你必须马上行动，你如何利用现有的工具安全抵达地面？

【思路随想】

我相信很多不爱思考的读者已经开始抱怨了："不可能！楼高200米，绳子150米，岂不是悬空了？"

还有网友会说:"我脑子不好,想不出来,直接跟绑匪拼命去了!"

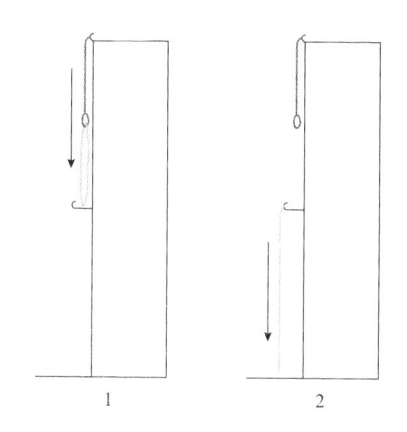

图示

大家快来想办法,时间不等人,绑匪就快回来了。也许你的想法可以救人一命。

6.如何用一根线提起一杯水?

一杯水,怎么用一根线提起来?

给你一根线，对，就是最普通的线，缝衣服用的。要求线上面绝对不能缠绕任何东西，问你能否用这根线提起一杯水。

水杯就是普通的水杯，里面盛满了自来水。还有一个要求，水杯里面的水一滴都不能洒出去。

【思路随想】

网友："本来挺简单的一道题，但是最后一个要求难倒我了。我开始想的是用线把杯子缠绕起来打结，但是最后一个要求太过分了，怎么可能一滴水都不洒出去呢？"

大家还有什么想法吗？其实这道题的难度不大，只要想到了点子上。

7.巧取乒乓球

怎么把乒乓球取出来？

有一个喝水的杯子，将一个乒乓球放到杯子里，要求在不触碰乒乓球、不触碰杯子、不使用任何工具的情况下，将乒乓球拿出来。

看好题目，虽然是巧取，但是并非硬性规定，所以方法并不唯一。

第一章 创新思维——天才？疯子？傻子？书呆子？

【思路随想】

网友A："用嘴隔空吸气，把它吸出来！"

如果肺活量足够大，杯子又没那么深，我觉得还真有戏。

网友B："加水！直接让乒乓球浮起来！"

聪明，但是题目说了"不使用任何工具"。

网友C："往杯子里尿尿！"

脑洞真大，还真不好界定是否符合"不使用任何工具"这条标准。

网友D："急死我了，直接掀桌子不就完了！"

大家还有什么想法吗？其实这道题的难度不大，只要想到了点子上。

8.看图识字

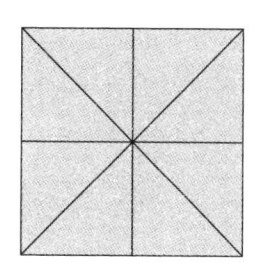

从上面这张图中，你能找出多少个汉字？

9.你能用几根筷子拼出一个"田"字？

这道题虽然锻炼的是创新思维，实际上更像脑筋急转弯，所以脑子要活泛一点，请听题：

你能用几根筷子拼出一个"田"字，所用筷子数量最少者赢。要求不能折断筷子，同时筷子的规格是一样的。

【思路随想】

网友A："6根。"

恭喜你，你的智商属于正常水平。

网友B："把一根筷子削成6根规格一样的短筷子！"

就你聪明？题目写的是不能折断筷子，你就直接削是吧？这不算数的，理论上还是6根。只能说你稍微动脑子了，智商比楼上的稍微高一点。

还有没有思路，赶紧写下来，答案一定会让你惊喜哦！

---

10. 空间阻断

这面是一个足球九宫格，在只能添加两个正方形的前提下，如何让每一个足球都拥有独立空间？

答案应该不止一种，发挥你的想象力吧！

11. 排除"异己"

这个游戏很简单，这里所谓的"异己"，实际上指的是不同类型的词汇。来看下面4个词：

A.手枪

B.《人皮客栈》

C.大猩猩

D.痛苦

从上面4个词中选出与其他词类型不同的一个，也就是所谓的"异己"，同时提出你的依据。

【思路随想】

网友A：我觉得哪个词都不一样，手枪是工具；《人皮客栈》是一部很恐怖的电影，不过我喜欢；大猩猩是动物；痛苦是人的感受。

拜托，身为作者，如果4个词都不一样，那我出这道题的目的是什么？你是在怀疑我的智商吗？

网友B：我觉得是"痛苦"！因为手枪、恐怖电影和大猩猩都会让我感到痛苦。

有点道理，但是你的感受并不代表所有人，如网友A就喜欢看《人皮客栈》这类刺激的影片。

大家还有什么想法，写出来吧！

12.词语搭配

下面提供两组词汇，请按照一定的依据，将A组的某个词与B组的某个词搭配成对，共4对，也就是说，每个词都要找到伴。

奥黛丽·赫本

A组：蛋炒饭、足球、埃菲尔铁塔、奥黛丽·赫本。

B组：大兴机场、钵、林书豪、京剧。

网友A：我觉得"林书豪"应该与"蛋炒饭"搭配起来，你琢磨啊，他在美国可能没吃过，至少没吃过正宗的，现在来中国终于有机会大饱口福了。

如果这么配对，其他几个词怎么办呢？

你有什么想法？

---

13. 编故事

随机限定4个词，然后根据这4个词编一段故事，限定在200字之内。例如：树叶、马路、飞船、海。

这是非常考验想象力的游戏。这种题目没有固定答案，首先是合理，然后是创意，此外尽可能地用比较少的字数。

这是需要脑洞大开的时刻，看看网友A是怎么写的吧：

"秋天来了，树叶飘落，我一个人沿着马路孤独地溜达，忽然天空传来一声巨响，一道白光划过。天哪，UFO！肯定是外星人入侵了，他们坐着飞船来中国了，快跑！

"晚间新闻：今日午后一艘不明飞行物坠海。

"肯定不对劲，根据我的经验，消息越少事越大！我得赶紧写公众号去了，毕竟我在第一现场！"

小学一年级作文水平，想象力满分！

14. 死因分析

根据线索分析死亡原因，要求至少写出3种比较离奇的死因。

线索：一具男尸躺在撒哈拉沙漠中，身上一丝不挂，周围没有任何痕迹。

网友A：被人谋杀了，然后抛尸沙漠！

可是为什么会一丝不挂呢？

你有什么合理且又有新意的想法呢？

_____

_____

15. 打破思维定式

玛丽正拿着自己的钻戒向朋友讲述她与老公的爱情故事，没想到手一滑钻戒掉进了装了咖啡的杯子里，她赶紧把钻戒拿出来，结果不仅手没有湿，钻戒也是干的，你知道是怎么回事吗？

正如标题一样，这是一道挑战思维定式的题目，发挥你的创意，好好想一想。

网友A：玛丽戴着塑料手套！

可是怎么解释钻戒也没有湿呢？

网友B：咖啡是冻住的，里面是冰坨子，直接将钻戒捡起来就行了。

天才！这个答案很合理。

还有没有思路？

_____

_____

第二章

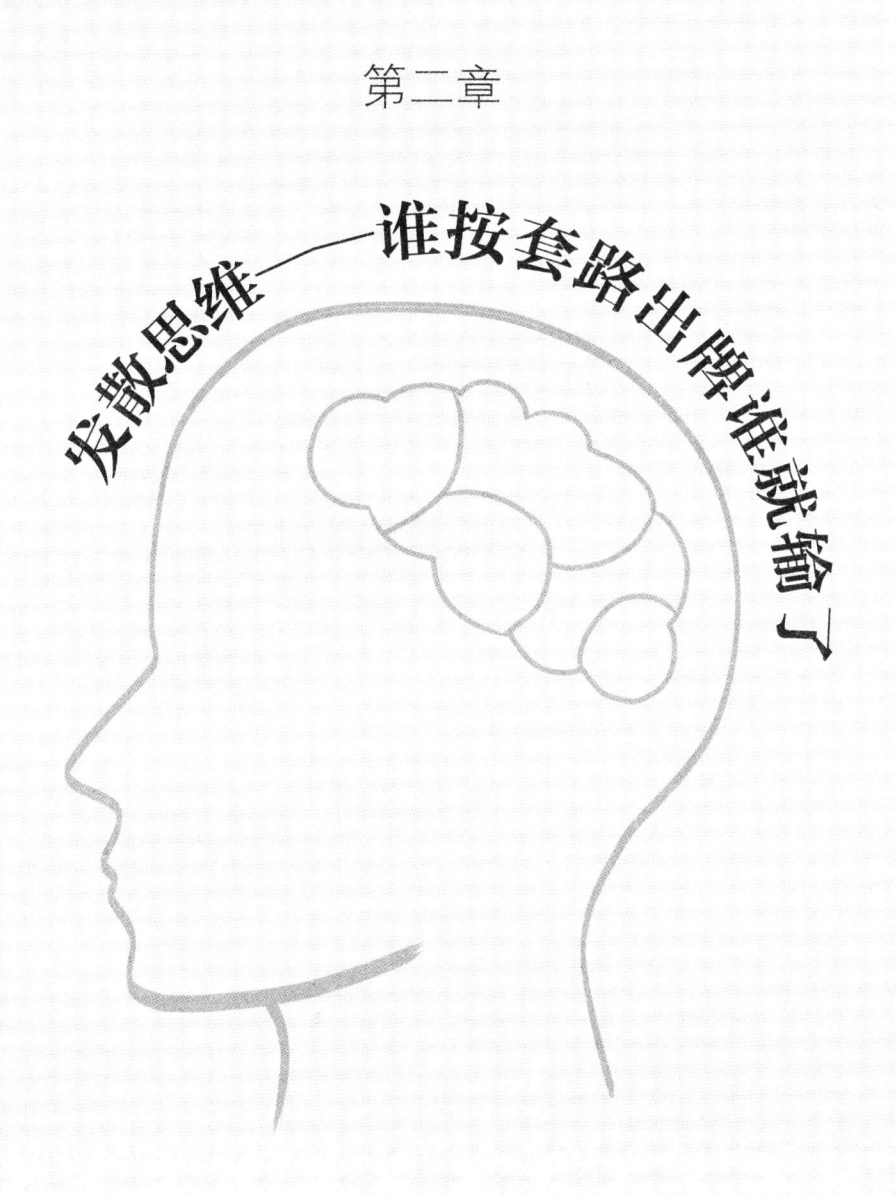

发散思维——谁按套路出牌谁就输了

【测试】你的思维能够辐射多远？

芭芭拉·奥克利在《学习之道》中写了一个小游戏：

请问，能否通过移动3枚硬币，将下图中的硬币重新组成一个尖朝下的三角形？

这道题考验的是如何从专注思维快速转换到发散思维，你需要将大脑调整到放松状态，试着不要将注意力锁定在某一个点上，也许你会很快想出答案。

这道题很多孩子都能够轻而易举地解出来，而一些老教授对此却一筹莫展，这就是由于受到思维定式的影响。

先别急着放弃，给自己3分钟，实在想不出来再看答案。

【参考答案】

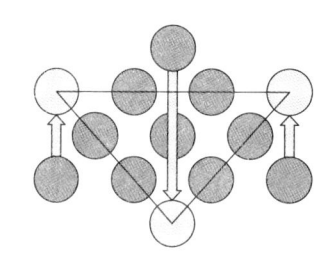

看懂了吗？

好了，如果你刚才没有想出答案，不要灰心，先测试一下自己的发散思维能力吧！

1.对于生活或工作中遇到的问题，你是否经常意识到每个问题都有多种解决办法？

  A.很少发现　　　B.经常发现　　　C.有时发现

2.面对问题时，你是一个喜欢寻找捷径的人吗？

  A.不是　　　　B.不能确定　　　C.是的

3.面对问题时，你会尝试使用几种不同的办法，从而确定最优方案吗？

  A.不是　　　　B.不一定　　　　C.是的

4.你喜欢学习吗，是否拥有广阔的知识面？

  A.不太广　　　B.比较广　　　　C.相当广

5.在讨论中，你习惯性地强调自己的观点，还是善于听取大家的观点并综合讨论？

  A.强调某一观点　B.不一定　　　　C.综合各方观点一起讨论

6.对于大多数问题，你是否认为都存在多种解决办法而非唯一一种？

  A.不是　　　　B.说不准　　　　C.是的

7.你是否拥有广泛的兴趣爱好？

  A.没有　　　　B.不能确定　　　C.有

8.你经常考虑事物发展变化的多种可能性吗?

A.不是　　　　　B.不能确定　　　　C.是的

9.放假的时候,你喜欢宅在家里还是外出?

A.宅在家里　　　B.不能确定　　　　C.外出

10.你经常想出很多有创意的点子吗?

A.是的　　　　　B.不能确定　　　　C.很少

11.当你为某一目标努力时,你是否会为结局做准备?

A.根据最可能发生的情况做好准备

B.静观其变

C.做多手准备

12.当遇到棘手问题时,你会从多方面攻克吗?

A.不会　　　　　B.不能确定　　　　C.会

13.提起砖头,你能想到多少种用途?

A.少于2种　　　B.2—5种

C.5—10种　　　D.10种以上

14.你能想到多少个三角形的物体?

A.少于2种　　　B.2—5种

C.5—10种　　　D.10种以上

15.猫与冰箱有什么共同点,你能想到多少个?

A.少于2种　　　B.2—5种

C.5—10种　　　D.10种以上

16.关于一张纸的用途,你能想到多少种?

A.少于5种　　　B.5—10种

C.11—30种　　　D.30种以上

17.你能想到多少个"土"字旁的字?

A.少于8个　　　B.8—15个

C.16—24个　　　D.24个以上

评分标准

	A	B	C	D
1—12 题	0 分	1 分	2 分	
13—17 题	0 分	2 分	4 分	6 分

19 分及以下，说明你的思维呆板，发散思维能力很差，你在这方面还有很大的提升空间，而且非常紧迫。

20—40 分，你的发散思维能力属于正常水平，如果想更好地提升发散思维能力，同样需要加强训练。

41 分以上，恭喜你，你的发散思维能力较好，你经常能想到一些怪异的点子，创新能力很强。不要怕别人的眼光，他们不懂你，是因为他们想不到。

天马行空的想法，来自精益求精的练习——发散思维经典训练法

1.词汇联想法

这种训练方法很容易，选择一个词作为主题词，发挥想象力，尽可能多地想出与这个词有联系的词。

例如，以足球为主题词，你能想到多少个与足球相联系的词呢？

我喜欢踢足球，也是一个足球迷，所以随口就能说出一大堆：梅西、帽子戏法、同城德比、世界杯、凌空抽射……我估计能写出 100 个。

如果是比较熟悉的领域，我建议每一个类型写一个词就行。例如，提到足球，我就会想到一些知名的足球运动员：梅西、C 罗、范迪克……但是只写一个就行了。

在使用词汇联想法练习时，我建议选择自己不熟悉的领域，或者是随机选择词语，这样能够提升难度。

好了，提到足球，你能想到哪些词汇呢？

_____

_____

2.思维接龙训练法

思维接龙训练法分为两种，一种是固定式接龙，即词头接词尾。例如，足球—球星—星星。难度自己选择，如果想降低难度，可以规定词头与词尾的字不一定完全一样，只要读音一样即可。例如，足球—求实。如果想增加难度，可以变为成语接龙。

另一种是自由式接龙，只要前后两个词之间相关即可。例如，足球—梅西—帽子戏法。

通过这种方式进行练习，接上的词越多越好，且层次越多越好。

3.功能扩散法

这是以某种事物的功能或用途为扩散点，列举出该事物的各种功能或用途。例如，尽可能多地列举出水的用途：饮用、洗衣服、洗澡……

提到"火"，你的答案是什么？

提到火，最先映入脑海的自然是救火英雄

4.结构扩散法

以某种结构类型为扩散点,联想出具有该结构的物体。例如,提到三角形,联想到红领巾、彩旗、房顶……

提到正方形,你的答案是什么?

如果你先想到的是骰子,说明你的牌瘾不小

5.形态扩散法

以事物的某种形态,如形状、颜色、声音、味道、明暗等作为扩散点,进行发散联想。例如,提到红叶,联想到用红叶做成的书签;提到辣椒,联想到重庆火锅……

提到"红色",你能联想到什么呢?

如果你想到的是玫瑰花,你一定是一个浪漫主义者

6.组合扩散法

从某一件事、某一物品出发,尽可能多地联想与另一事、另一物品联结成新事物的各种可能性。例如,提到番茄,联想到鸡蛋,从而组成番茄炒蛋。

提到苹果,你能想到什么新鲜的组合呢?

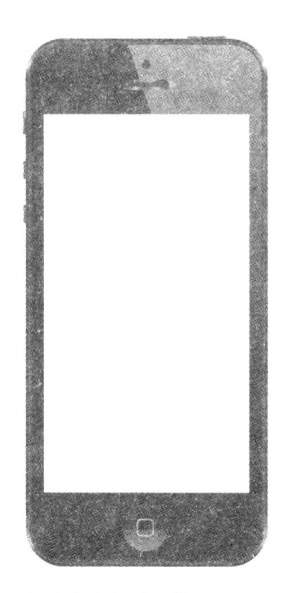

有多少人想到了苹果手机?

7.方法扩散法

以解决问题或使用物品的某种方法为扩散点,设想出利用该方法的各种可能性。例如,提到炸药,可以想到爆破;提到菜刀,可以想到切菜。

提到铅笔,你能想到什么呢?

如果你想到的是图纸，你很有可能是一位设计师

8.因果扩散法

以事物发展的结果作为扩散点，推测造成此结果的各种原因；或以某件事的起因作为扩散点，推测可能产生的各种结果。

例如，空调不能制冷了，推测出的原因是缺氟了；高空抛物，推测出的结果是砸到人。

提到飞机延误，你能想到什么原因或结果呢？

提到飞机晚点，最先映入脑海的一定是人们焦虑的表情

9.关系扩散法

以某一事物或某个人作为扩散点，尽可能多地设想其与其他事物的各种联系。例如，提到舅舅，你会联想到舅妈、表弟；提到爱迪生，你会联想到电灯。

那么，提到刘德华，你会想到什么呢？

演唱会自然是最容易想到的答案之一

思维重生——避免思路衰竭的七种常用方法

1.纵横思维法

纵横思维法即针对遇到的问题，从横向、纵向两个方向进行思考。也就是说，无论遇到什么事，都从横、竖两个方面多想想，将各种能想到的因素进行交叉对比，筛选出最有利、最客观的结论。

被誉为"创新思维之父"的爱德华·德波诺教授认为，纵向思维即传统的逻辑思维，指的是对局势采取最理智的态度，依靠逻辑一步步思考，直至找到问题的答案；而横向思维指的是对问题本身提出问题、重构问题，倾向于从多方面探索、观察解决问题的不同方法，而不是接受最有希望的方法，并照此执行。

采取纵横思维法，非常有利于打破思维定式。来看一个案例：

很久以前，有一个商人做生意失败，欠了一大笔债务。如果无法偿还债务，他即将面临为期不短的牢狱之灾。这名商人有一个很漂亮的女儿，一些心怀不轨的人一直惦记着他的女儿。

某天，来了一名地产商，这名地产商很友善地表示能够帮他渡过难关，然而却提出了一个令人恶心的要求。地产商表示，只要商人愿意将女儿嫁给他，他将承担所有债务。

要知道，这名地产商又老又丑，风流成性，还有家暴的倾向，他的前几任妻子就是被他打跑的。

听到如此荒唐的要求之后，商人和女儿一脸震惊，愤怒的表情写在他们的脸上。狡诈的地产商早有准备，他又提出了一个建议："这样吧，我不为难你，我们让上帝来决定。我们找一黑一白两粒石子，我将它们放入口袋，让你的女儿自己摸出一粒，如果摸出的是黑色石子，就将你的女儿嫁给我，我帮你还清所有债务；如果是白色的，我没有任何附加条件地帮你还清所有债务。"

商人陷入了两难境地，女儿不想让父亲进监狱，更不愿意嫁给面前这个令人恶心的家伙。最终，聪明的姑娘答应了地产商的要求，可她将面临怎样的结局呢？

三人来到花园中，站在一条铺满石子的小路上，地产商弯腰捡起两粒石子。机警的姑娘看到了地产商的花招，原来他捡起了两粒黑色石子，也就是说无论姑娘怎么选都是输。

问题：如果你是这个倒霉的姑娘，你将如何选择呢？你有没有好办法挽救自己和父亲的命运呢？

针对这个案例，我们可以采用纵横思维的方法。首先是纵向思维，也就是传统的逻辑思维，严谨地分析这个问题。那么，只有三种结果：

第一种：姑娘看穿了地产商的伎俩，所以拒绝拿出石子。

第二种：姑娘忍无可忍，当众揭穿地产商。

第三种：姑娘在明知结果的情况下，摸出一粒黑色的石子，以牺牲自己来挽救父亲。

可见，采用纵向思维的方式，无论哪种结果都不是姑娘想要的。

这时，我们就需要再利用横向思维，从更多的角度思考问题，看看能不能有更好的办法。我们继续这个故事：

姑娘看到了地产商耍诈，但是毅然决然地把手伸到口袋中摸出了一粒石子。令人没想到的是，她的手突然一抖，石子掉到地上了。

这是一条由黑白石子铺成的小路，满地的石子非黑即白，这下谁也不知道姑娘刚才拿出来的石子到底是黑色还是白色了。一时间，众人惊愕，不知如何是好。

趁着地产商没有反应过来，聪明的姑娘先表示抱歉，然后接着说道："没事，只要看看口袋里剩下那粒石子是什么颜色的不就行了？"

地产商额头冒汗，被气得不行，他肯定不能承认自己耍诈的事实，只能吃了哑巴亏。

这就是横向思维，姑娘从多方面思考，从而找到了最优方案。横向思维想到的是所有石子，除了姑娘摸出来的，以及口袋里剩下的，还有路上的石子。如果你是这位姑娘，能想到这一点，也就想到了自救的方法。

在这个故事中，根据纵向思维得出的结果并不是姑娘想要的，这时就需要采取横向思维探索更多可能的办法，得到最有利于姑娘的结果。

2. 逆向思维法

逆向思维是发散思维的一种重要形式，我们后面将会有单独一章重点介绍。面对一个问题，当常规的思考方式无法解决时，试着进行反方向思考，这也属于一种发散思维，往往能够收到意想不到的效果。

看一个笑话：

有一个商人在村子里买了一个院子，将一些古董、字画藏在院子里。这个商人为了避人耳目，没有告诉任何人，但是他最近要出门谈生意，怕家里进贼，这可怎么办呢？

想了半天，他决定不设置Wi-Fi密码！

结果，每天他的院子门口，都蹲着一些蹭网的村民。

虽然只是一个笑话，但是从中能够看出逆向思维的重要性，当正面思考无法解决问题时，倒过来想一想，也许会有意想不到的结果。

3. 间接思维法

也称为转换思维法。当我们面对一个难题没有思路时，找一个与原问题类似的问题，将思路集中在新问题上。在解决新问题的过程中容易产生新的想法，这样一来，新问题一旦解决了，原问题也就迎刃而解了。

举例来说，当我在策划这本书时有一阵子没有思路，我就使用了间接思维法，将思维转换到这一套选题中的另外一本——《思维大爆炸——挑战超级脑力的逻辑思维游戏》的策划上，在此期间想到了一些不错的创意。当我完成《思维大爆炸——挑战超级脑力的逻辑思维游戏》的策划之后，也想出了许多关于本书的创意。

4.零整思维法

零整思维法包括化整为零和化零为整两种方法。所谓化整为零，指的是问题过于复杂，需要化解为若干小问题，以便各个击破，最后达到解决整个问题的目的。所谓化零为整，指的是问题过于零散，一时不知如何下手，需要整合起来，达到统一解决的目的。

一块牛排，一口吞不下去，需要切成小块，一口口吃完，这就叫化整为零。

每天的零散时间加起来超过一小时，都被浪费了，你想整合起来从而更好地学习。例如，通勤时间30分钟，午休时间30分钟，平时都在看新闻、刷微信，你打算将这些时间都用来学习英语，这就叫化零为整。

5.克弱思维法

所谓克弱，指的是克服弱点，在解决问题的过程中，先将思考对象的缺点一一列举出来，然后有针对性地进行改进，从而解决问题。

例如，一位公司白领每天都坐在办公室，身体越来越差，他决定使用克弱思维法来做出改变。首先列举自身的缺点：

- 久坐。
- 缺乏锻炼。
- 体重过高。

接下来有针对性地进行改善：

- 久坐问题：每隔半小时站起来走一圈。
- 缺乏锻炼：每天坚持活动30分钟。
- 体重过高：减少饮食，逐步增加运动量。

6.质疑思维法

质疑思维法很好理解，是指对于遇到的新问题、新知识不是一味地接受，而是习惯性地提出质疑，从多角度思考，提出各种问题，在质疑的过程中产生新的想法。

电梯里面有很多广告，之前没人过问，直到成立了业委会，业委会的委员提出了很多质疑：

- 广告收入是多少？怎么分配？
- 为什么物业从来没有说明？
- 为什么物业的账目不公开？
- 广告收入到底应该如何分配？

……

这就是质疑思维法，习惯性提出质疑，然后在解决问题的过程中发现新的问题，提出新的解决方法。

7.交合思维法

交合思维指的是从思考对象的特性出发，通过对大量信息的加工、筛选、整合，从而整理出全新的观点。

例如，轮子、喇叭，通过对思考对象的特性进行分析，我们发现它们都是汽车的组成部分；又如，独轮车、盘子、碗，看似后两样物品与独轮车没有联系，但你只要在网上搜索一下便可轻松地将三者与杂技联系到一起。

发散思维游戏习题集

1.如何扩大饮料的销量？

假设你是一家饮料厂的老板，你的饮料在市场上的表现一直中规中矩，你想了很多办法，第一次对饮料的口味进行改良，第二次增加了全新的口味，每一次改进都促进了销售。接下来你准备进行第三次尝试，这次你如何做才能扩大饮料的销量呢？

条件：不能采取前两次的做法，并且没有预算进行任何广告宣传。

【思路随想】

换包装是妙招，可口可乐就经常这样做

网友A：改变包装。

人人都需要新鲜感，这是一个妙招。

网友B：做好终端陈列。

一看这就是懂行的网友，据统计，70%的消费者认为良好的陈列可以让自己消费。

还有没有更好的方案呢？

2.倒霉的鞋店老板，谁能帮他一把？

某条商业街上一共开设了三家耐克鞋店，所售的鞋子一模一样，价格也一样，这三家鞋店竞争激烈，生存不易。这条商业街经常有小偷出没，丢鞋也是常有的事，然而奇怪的是，其中一家鞋店丢鞋的数量是另外两家鞋店丢鞋的数量之和。

老板很快发现了问题，丢失的鞋子都是陈列品。每当耐克出了新款球鞋，他都会拿出一只摆在鞋店外面吸引顾客，其他两家鞋店也是这样做的。

老板可以把鞋子拿进店铺，因为店里面有防盗报警器，但这样做路过的游客就看不到新品了，没有宣传鞋子就更卖不掉了，大家有没有好办法呢？

【思路随想】

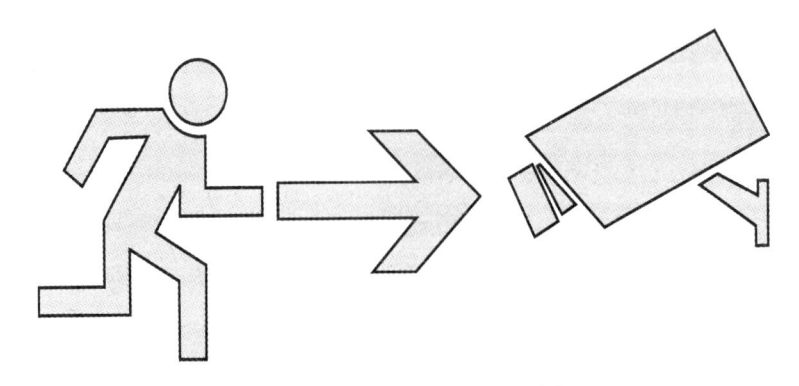

装监控是好办法，但是却增加了成本

网友A：在店外装监控。

这一招管用，但是增加了成本。

网友B：派人看守。

为了一只鞋增加人力成本？兄弟，你显然不是做生意的料。

大家还有什么招？快想想办法。

3.电梯问题

牛津大学的爱德华·德·波诺先生提出过一个问题：

怎么解决电梯问题？

某工厂的办公楼原来只有2层，后来业务扩张，增加了很多员工，为了有效利用土地资源，老板决定拆掉旧办公楼，在原址上新建一幢12层的办公大楼。

新的办公楼建好了，但是员工搬进不久就开始抱怨，因为大楼只有两部电梯，而且速度很慢。尤其是在上下班高峰期，他们需要花很长时间等电梯、坐电梯，心情十分焦虑。

你能想出好办法吗？

【思路随想】

如果你没有思路，可以看看公司顾问给出的几个解决方案。

方案一：上下班高峰期，一部电梯只在奇数楼层停，另一部电梯只在偶数楼层停，这样一来，那些需要上、下一层楼的人就只能去走楼梯了。

有些人真的很懒，一层楼都懒得爬；还有一些人为了磨洋工，也会干耗着。

方案二：多安装几部室外电梯。

这种方法可以解决问题，但增加了成本，老板肯定不愿意。

方案三：公司员工错峰上下班，从而避免高峰期拥挤的情况。

真的要这么复杂吗？如果公司有急事找不到人怎么办？

方案四：在所有电梯旁边的墙面上安装镜子。

这么做的原因谁能搞明白？

如果是你，会选哪一个方案呢？写出你的理由：

_____

_____

4. 为什么不让座？

小米在公交车上，这时上来了一位白发苍苍的老人，但小米没有让座，请问这是为什么？

【思路随想】

网友A：车上有空座呗。

没错，回答正确。

接下来考验的是你的发散思维，同样是这道题，演变出不同的问法。

问法一：小米在公交车上，这时上来了一位白发苍苍的老人，车上已经没有座位了，小米却没有让座，为什么？

你的答案：

_____

问法二：小米在公交车上，这时上来了一位白发苍苍的老人，车上已经没有座位了，也没有人要下车，小米依然没有让座，为什么？

你的答案：

_____

问法三：小米在公交车上，这时上来了一位白发苍苍的老人，车上已经没有座位了，也没有人要下车，小米有座位却没有让座，为什么？

你的答案：

_____

_____

问法四：小米在公交车上，这时上来了一位白发苍苍的老人，车上已经没有座位了，也没有人要下车，小米并不是一位老人，小米有座位却没有让座，为什么？

你的答案：

_____

_____

问法五：小米在公交车上，这时上来了一位白发苍苍的老人，车上已经没有座位了，也没有人要下车，小米不属于"老弱病残孕"，然而他有座位却没有让座，为什么？

你的答案：

_____

_____

问法六：小米在公交车上，这时上来了一位白发苍苍的老人，车上已经没有座位了，也没有人要下车，小米也不属于"老弱病残孕"，也不是司机，有座位却没有让座，为什么？

你的答案：

_____

_____

5.这些人是要自杀吗？

一天，一位渔民正在巴伦支海上捕鱼，目睹了怪异的一幕。在不远处有一艘船突然开始下沉了，船上的人却一点都不惊慌，表情平静，没有人呼喊救命，也没有人试图逃生。这位渔民非常不解，急得大喊大叫。

难道这些人选择集体自杀吗？

【思路随想】

这件事确实有一些诡异，如果说是集体自杀，应该有一些人做最后的祈祷吧，你是怎么看的呢？

网友A：我不认为是集体自杀，要不然肯定会有一些仪式的。

我也认同这个观点，可是还能有什么原因呢？

网友B：难道这些人都是游泳健将，准备直接游回岸上？

距离有点远，但对于体能充沛的高手来说，并非不可能。

还有什么想法，都写出来吧！

6.你能找出多少个相同的字？

阅读某段话，快速识别出其中相同的字。通过这种方式，能够有效激活大脑额叶，同时锻炼发散思维。这种训练方法分为多种难度，我们逐一介绍。来看下面一段话：

"当人们想实现某一目标时，脑思考功能区就会发挥'大脑司令部'的作用，分别向理解区、听觉区、视觉区、记忆区做出明确指令，之后各个区域开始分别收集信息。"

首先要理解这段话的意思，简单来说，就是脑思考功能区向其他四个区域发布指令，起到大脑司令部的作用。

接下来，找出这段话中一共有几个"区"字。

【思路随想】

网友A：这还不简单，一个字一个字找不就行了？

没错，但是这样找也就违背了训练的目的，需要不断提升难度。

这种通过找相同的字训练发散思维的方法看似很简单，因为最初训练的时候可以无限次地阅读某段文字，直到理解之后再找相同的字就会很容易。然而，为了更好地训练发散思维，需要不断提升难度，如限时。以上述文字为例，如果限时30秒，难度就会提升一档。

接下来，我们试着不断提升难度。

难度+1

还是上面那段话，快速回答出两个相同的字或词的数量，如"的"与"令"。写出你的答案与用时：

_____

_____

难度+2

对于简短的句子，速读一遍，很快会发现相同的字，但是如果要找出拼音相同的字（声调可以不同），就会有一定的难度。还是这段话，拼音为"yi"的字一共有多少个，分别是哪些呢？

_____

_____

7.鬼魂酒店

鬼魂酒店

有一位精明的投资人看中了欧洲某国的一处山谷，这里风景宜人，还有一座很有名气的威廉古堡。于是，他花重金买下了这里，并将这里开发为一处很有特色的旅游景点。然而，令人万万没想到的是，刚开业不久，当游客开始大批涌来时，突然有客人说自己在夜里看到了鬼魂。

开始，并没有人相信，然而随着越来越多的客人表示夜里会有鬼魂出现，酒店的生意开始一落千丈。

正当投资人与酒店管理方一筹莫展之时，突然接到了一个电话，一队自称是捉鬼者的年轻人预订了两层楼的客房。

至此，第一个问题来了：如果你是投资人或酒店管理方，能否从这条信息中想到解决问题的方法，从而挽救酒店的生意？

【思路随想】

第一个问题考验的是读者的发散思维，你需要有一些商业头脑。

网友A：闹鬼的房子谁还敢住啊？等着倒闭吧！

的确，这是正常人的思路。你怎么看呢？

网友B：这个世界上哪来的鬼魂啊？不可能！我觉得挺刺激的，比千篇一律的普通酒店好玩多了。

生活太无聊，别忘了还有很多喜欢追求刺激的人。对此，你怎么看呢？

---

8. 倒霉的杰弗森

赛马

杰弗森是一位资深马迷，赌马已经几十年了。有一次，当他兴致勃勃地观看赛马时，突发心脏病被紧急送往医院。医生发现他的口袋里有几张当天的赌马券，由于杰弗森年事已高，心脏又不好，为了避免再发生意外，医生决定等他彻底康复了再还给他。

手术过去了两周，杰弗森已经基本康复了，这时护士把他的赌券以及手术当天的报纸拿给他，杰弗森异常激动，因为其中一张赌券中奖了。出院之后，他兴冲冲地去兑奖，结果博彩公司却拒付奖金，请问这是为什么？

充分发挥脑洞的时候到了，你能想到多少种答案呢？

【思路随想】

网友A：赌券有时效性，过期了。

这是最合理，也是最容易想到的一个原因。

网友B：博彩公司倒闭了，庄家跑路了。

有可能，但是概率太小了。

网友C：赌券填错了。

这也太笨了吧，然而一切皆有可能。

好了，上述三个原因都有可能，你还能想出其他合理的答案吗？

9.继承王位

王位之争

战狼国的国王去世了，王位出现了短暂的空缺，需要一位继承人担任新的国王。本来很简单的事情，王后却犯了愁，因为她生了一对双胞胎，到底选谁继承王位呢？

其中一个孩子非常聪明，继承了父亲的基因，很有治国才华；另一个孩子则继承了母亲的基因，不仅好吃懒做，还很笨。按理说聪明的孩子是不二之选，结果却是另一个孩子被选中了，请问到底是为什么？

【思路随想】

网友A：皇室内部腐败黑暗，选第二个孩子继承王位是为了将其作为傀儡。

很有可能，国王去世，政权不稳，正好是夺权之时。

———————————————————

网友B：国王去世之前指定了皇位继承人。

如果是这样就没办法了，只能说国王昏庸无脑。

———————————————————

大家还有什么好的想法？请把合理的推论都写出来，答案可能会惊到你。

———————————————————
———————————————————

10.恐怖袭击

生化袭击

时间来到2066年，世界格局混乱无序，各国面临着恐怖分子的威胁。一次，在美国的一家化工厂遭受了恐怖袭击，恐怖分子炸毁了化工厂，剧毒物质借助风势迅速扩散。

这次事件非常严重，消防队、警察、FBI等相关部门火速赶往现场。因为有毒物质正在迅速扩散，他们需要尽快疏散方圆五公里之内的人群。

工厂西侧是人群密集区，作为重点疏散区域。在疏散过程中，离化工厂较近的很多人都因为吸入了有毒气体而死亡，一些最初赶来没有佩戴防护服的工作人员也死了。幸运的是，大部分居民被转移到了安全地带。

正当大家松了一口气时，意外情况发生了，突然刮起了大风，风势从西向东越来越猛烈。所有人都觉得来不及疏散工厂东侧的人群了，大家绝望地站在原地，祈求上帝的帮助。

两个多小时之后，化工厂的大火被扑灭了，风也停了。当官方统计死伤人数时，惊讶地发现只有居住在工厂西侧的人有伤亡。请问这是为什么？

【提示】

分析这道题的时候，建议想一想上一道题，这两道题很类似。

【思路随想】

网友A：东侧的居民配有防护服，逃过一劫。

可能性不大，如果按照这种说法，化工厂附近的居民都应该配备防护服。再说了，老百姓家里谁没事会准备一套防止生化武器的衣服呢？

网友B：东侧的居民跑得快。

推理越来越不靠谱了，美剧看多了，都能跑过大风了？

11. 生死独木桥

曾经有两位枪手，在各自的地盘都非常出名。为了扩大影响力，他们想到对方的地盘寻找更好的发展，接洽更多业务。

得知对方的想法之后，双方都不肯让步，便相约在红枫山谷一决高下。他们将决斗的地点选在了一处独木桥，要到达对方的地盘，必须从这里走过去。

比赛规则很简单，谁能活着抵达对岸谁就赢。除了各自携带一把手枪，再没有其他辅助工具。

按照比赛规则来看，两个人势必有一死，甚至两败俱伤，因为他们一旦相遇就会相互射击。然而，结果却是两个人都平安抵达了河对岸。请问这是为什么？

两人是怎么活下来的？

【思路随想】

网友A：其中一个人从桥底下爬过去了。

这个想法并不聪明，如果从桥底下爬过去，桥上的枪手就能轻松击毙他了。

网友B：两个人商量了一下，决定放弃决斗，因为这明显是两败俱伤的结局，何必呢！

和谐很重要！这个答案从逻辑上来看说得过去，只不过剧情突然从动作片变成喜剧片了。

大家还有什么想法，都写出来吧！

---

12. 狂热的球迷

张天是一名狂热的球迷，他最喜欢的球队一共有三支，分别是主场球衣为绿色的北京国安、主场球衣为蓝色的埃弗顿、主场球衣为黄色的比利亚雷亚尔。

在一个足球周末，刚好有三支球队的比赛，为了表示对球队的支持，他突发奇想，决定在脸上涂抹蓝色与黄色颜料，这样两种颜色相结合就变成了绿色，同时也表达了对三支球队的支持。

就这样，一脸绿色的张天来到了北京国安的主场，开始享受这个超级足球周末。比赛结束，国安四球狂胜，张天和弟兄们欣喜若狂，准备前往三里屯继续看晚上的英超联赛。

这时，突然天降大雨，张天等人过于兴奋，并没有选择躲避，而是在雨中与国安球迷共同庆祝。大雨停后，张天惊奇地发现，自己的脸变成了蓝色，他觉得这是上天的决定，非常开心，于是脱下北京国安的队服，换上了埃弗顿的蓝色战袍。

聪明的读者，你们知道这是怎么回事吗？发挥你的横向思维，大胆提出自己的想法吧！

杰瑞所在的班级属于精英班,班上一共有30人,其他29个孩子都是优等生,唯独杰瑞从没有在考试中取得过好成绩。即便如此,杰瑞似乎并不在意,他从来不做家庭作业,也从来不担心被处罚,尽管每个星期他都会被叫到校长办公室好几次。

请问:杰瑞凭什么享有特殊待遇?

【思路随想】

网友A:家里有人呗,要不就是超级富二代,给学校捐款了。

确实有这种可能,国外就爆出了给学校捐款就能进入名校的新闻。如果真是这样,享受特殊待遇也是很有可能的。但是,其他孩子那么出色,杰瑞就一点压力都没有吗?

网友B:杰瑞是残障人士,或者是特长生。

即便如此,也不能从来不做家庭作业吧?

大家还有什么想法,都写出来吧!

---

15. 消失的"怪老头"

"怪老头"去哪儿了?

俄罗斯的雅库茨克是世界上最冷的城市。在这座城市的某著名景点的一条街道上，总有一个"怪老头"，每天看着人来人往的游客。无论刮风下雨，"怪老头"都会雷打不动地站在那里，无论游客跟他打招呼还是向他问路，这个老头从来都不会回答，只是报以招牌微笑。

这条街的另一端新搬来了一家人，他们是十月搬过来的。这家的小女孩每天去上学的路上都会见到"怪老头"，每次她都会道一声"早安"。然而有一天，小女孩路过此地时，突然发现"怪老头"不见了，她感到十分惊奇，因为过去的半年，"怪老头"从来没有缺席过。

请问这到底是怎么回事呢？"怪老头"为什么会在这一天消失呢？

【提示】

- "怪老头"没有生病，也没有任何主观原因导致其离开。
- 天气因素。
- 脑筋急转弯。

【思路随想】

网友A：本来有很多想法，但是看到提示之后一个也想不出来了。天气原因？难道是因为太冷了所以回家了？可是半年了，他从来没有一天缺席过啊！

肯定不是因为太冷了，很显然这个"怪老头"不怕冷！

网友B：没有任何主观因素，也就是并不是"怪老头"自己想离开，难不成被人劫走了？

开始胡猜了吧？哪个劫匪没事绑架一个老头？再说了，富豪能每天跑到这种地方挨冻？

大家还有什么想法，都写出来吧！

16.为什么不报警?

某天已经很晚了,有一个人设法撬开一所公寓的门锁时,刚好被身后的女警官发现了。令人意想不到的是,这个人非但没有逃跑,反而因为撬不开门锁,气急败坏地捡起了一块石头,照着窗户就砸了过去。

女警官当天虽然没有值班,但是她的举动还是令人匪夷所思,她没有上报这起案件。

为什么女警官没有上报案件?

【思路随想】

网友A:这位女警官与这个撬锁的贼认识,徇私枉法,并没有抓捕熟人。

如果是这样,的确符合逻辑,但是这位女警官这样做属于知法犯法!

网友B:当时天太晚了,而且女警官休息,想着多一事不如少一事。

这个想法不太靠谱,这也太浑了吧,连起码的责任心都没有,怎么当上警察的?

大家还有什么想法,都写出来吧!

17. 疯狂之举

某日，在一家大型商场上演了疯狂的一幕。只见一个男人从扶梯上拼命跑下来，穿过拥挤的人群，照着一位躺倒在地的女士就是一阵猛击，每一下都对准她的胸部，女士看起来非常痛苦。

所有人都感到震惊，但没有一个人站出来阻止。很快，警察赶到了，但是他们没有拘捕这个男人，请问这到底是为什么？

【思路随想】

网友A：这个男人和女士认识，之前肯定结过仇，所以才会发生疯狂的一幕。

这个推测只有前半部分合理，无法解释为什么没人阻止，连警察也不抓他。

网友B：这一男一女是两口子，两口子打架别人不方便管，警察来了也只是调解，女方不报警就不会抓走男人。

这个想法好像比较符合逻辑。

大家还有什么想法，都写出来吧！

---

18. 被吓哭的孩子

在一个漆黑的夜里，一个蒙面人闯入了一家豪宅，残忍地杀害了一家三口，而这一幕刚好被一个小男孩看到了。这个孩子惊呆了，哭着告诉了父母，但他的父母决定不报警。

请问父母出于怎样的考虑，最终决定不报警？

被吓哭的孩子

【思路随想】

网友A：孩子太小，父母觉得他是在撒谎，同时也不想惹麻烦。

这个推测符合逻辑，有些父母不相信小孩子的话，也不愿惹麻烦。

网友B：父母担心被凶手报复，所以选择沉默。

这种情况也比较常见。

网友C：当时天太晚了，父母一直安抚孩子的情绪，第二天听说凶手自首了，所以决定不报警。

这个原因也说得通。

大家还有什么想法，都写出来吧！

19.奇怪的客人

某天，位于美国休斯敦的一家餐馆走进一位奇怪的客人，他之前从没有来过这家餐馆，也不认识餐馆里的任何人。他坐下之后开始翻看菜单，不一会儿开始大声念每一道菜，然而他并没有叫服务生，而是自顾自地报菜名。

他端正地坐在那里，非常严肃地报着每一道菜："炸鸡、煎饼、炒蛋、汉堡、沙拉……"

过了一会儿，服务生微笑着走了过去，说道："早上好，上尉！"

请问：服务生是怎么知道对方是上尉的？

【思路随想】

网友A：从他的坐姿分析出来的。

从标准的坐姿可以看出军人的职业，但是服务生怎么知道他的军衔呢？

网友B：这家餐馆正好坐落在一处陆军基地附近，从这位客人的举止很容易猜出来。

这种情况可能性比较大，如果服务生见惯了这类客人，很容易猜出来。

网友C：从他报菜名的方式判断，有点像操练的军人。

这个原因也说得通。

大家还有什么想法，都写出来吧！

---

20. 太阳会出来吗？这是一个问题

72小时之后会出太阳吗？

12am，美国旧金山某地正在下雨，请问72小时之后会出太阳吗？

【思路随想】

网友A：当然了，雨下一阵就停了，还能没完没了地一直下啊？万一旧金山正值雨季呢？

21.扔网球

扔网球

一个网球，把它扔出去，让它再回来。试问，你能想到多少种方法？开动脑筋，方法绝不止一种哦。

【思路随想】

网友A：这还不简单，往墙上扔不就弹回来了吗？
没错，大家还能想到多少种方法呢？

22.女孩的座位

有一个很漂亮的女孩,倾国倾城,非常有气质。不仅是男人为之倾慕,就连女人也被她的美貌所吸引。她的一颦一笑、一举一动都会被其他女人争相模仿,就连她坐过的位置都会被女孩们争着合影。

一次,发生了一件怪事,你看到这个具有无限吸引力的女孩正在坐着,等她起身离开之后你却坐不到她刚才坐的位置上,请问她到底在哪里坐着呢?

【思路随想】

难道真是会飞的小魔女?

网友A:这是一个小魔女,她可以飘在半空打坐,我当然无法坐在那里,我又不会飞!

很有想象力,大家还有什么答案吗?

第三章

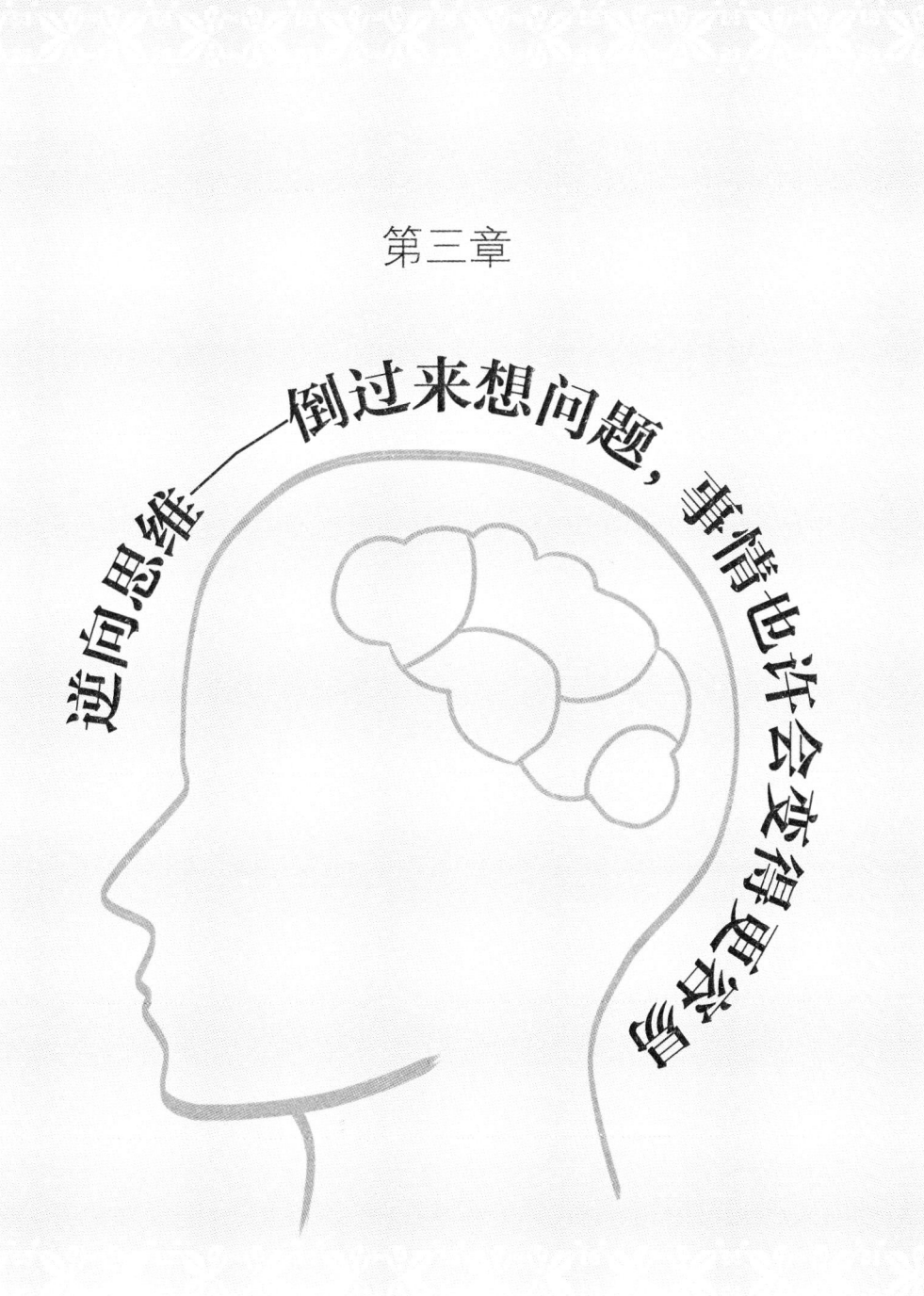

逆向思维——倒过来想问题，事情也许会变得更容易

第三章　逆向思维——倒过来想问题，事情也许会变得更容易

老师在黑板上点了一个点，让同学们尽情发挥想象力，描述一下自己看到了什么。"星星。""雨滴。""石头。"……只有一个同学回答说："我看到了这个点以外的整个世界。"

【测试】听起来很简单的逆向思维，你真的具备吗？

日本丰田汽车公司的创始人丰田喜一郎曾经说过："如果我取得了一点成功的话，那是因为我对什么问题都倒过来思考。"

逆向思维是一项很重要的能力，当你面对一个问题没有思路时，反过来想一下，也许问题就会迎刃而解。

第二次世界大战进入尾声，发生了这样一件事：

一天夜里，苏军按照计划准备向德军发起进攻。然而，苏军期盼的阴云密布没有到来，反而满天繁星格外闪亮，如果贸然进攻肯定会被德军发现。

苏军元帅朱可夫见状，立即召集将领开会讨论，最终做出决定：把部队的所有大型探照灯都集中起来。

苏军到底要做什么呢？

原来，朱可夫等人采用逆向思维，既然天气条件不利于隐蔽行动，那么索性用集中起来的140台大型探照灯同时射向德军阵地，直接告诉德军我们要采取行动了，躲在防御工事里的德军被探照灯照得睁不开眼，只能盲目还击，命中率极低。

正是由于反过来想问题,才让苏军得以快速突破了德军的防线。

这个案例很好地说明了逆向思维能力的重要性,既然满天繁星无法隐蔽行军,那么就反其道而行之,索性让夜空更亮一些,亮得德军睁不开双眼,无法进行有效射击,趁机夺取胜利。

既然逆向思维能力这么重要,那么接下来就测试一下你的逆向思考能力吧。阅读下面4道题,并将你的答案写出来。

1.果篮里装有6个橙子,由6个孩子均分,然而分到最后篮子里还有一个橙子。请问:这几个小孩是怎样分橙子的?

2.两个人同时来到人迹罕至的河边,这里已经很多年没有人来过了。他们发现河里只有一条船,而且只能容纳一个人,但两个人都乘这只船过了河。请问他们是怎么做到的?

3.有一位公安局局长正在和分局的同事聊天,这时跑来了一个小孩,心急火燎地说:"你爸爸和我爸爸吵起来了。"同事问:"这孩子是你的什么人?"公安局局长答道:"我儿子。"请问:这两个吵架的人与公安局局长是什么关系?

4.有一瓶红酒,如何在不拔开瓶塞的前提下喝到酒?注意:不能打破瓶子,也不能在瓶塞上钻孔。

上述4道题,如果你能答对两道题,说明你的逆向思维能力还不错。如果全都答对了,说明你已经形成了运用逆向思维的习惯。但是,如果你只答对了1道题,或4道题全错,或者更严重的是,错得很离谱,一点思路都没有,那么你应该重视起来了,在逆向思维这项能力上,你需要继续完善与提升了。

【参考答案】

1.既然说的是6个人平分6个橙子,且题目中并没有"剩下"的字眼,自然是一人一个。至于篮子里为什么还有一个,因为那个是留给最后一个孩子的,只不过最后一个孩子没从果篮里面把橙子拿出来而已。

2.如果你根据字面的思路走,很容易陷入思维的死胡同。人迹罕至的河边,就一条船,只能容纳一个人,按这个思路,一个人过去了,另一个人不知道要等多长时间,因为必须是对岸有人坐船回来才行。

聪明人想到这里已经有思路了,反过来想问题思路就会更加清晰。好好看题,两个人同时来到河边,但是没说是哪一边,如果两人分别处在河的两岸,问题不就解决了吗?一个人坐船过去,另一个人坐船回来。

3.据说有人做过测试,这道题的正确率只有2%。实际上,这就是受到思维定式的影响,如果题目讲得更明白一些,我想所有人都不会答错。这位公安局局长是女的,吵架的两个人,一个是她的丈夫,即小孩的父亲;另一个是她的父亲,即小孩的外公。

在思维定式的影响下,很多人都会习惯性地将公安局局长与男性联系在一起,人们从一般经验出发思考这道题,越想越不明白,只有跳出思维定式,切换到逆向思维,才能想明白。

4.如果经常喝红酒的人可能会知道,在开红酒时,如果开不好很容易将瓶塞捅进去而不是拔出来。题目说不许拔开瓶塞,那么你就从反向思考,不能拔出来自然是把它捅进去了,同样可以喝到酒。

99%的人看到一个点,1%的人看到点之外的整个世界——经典逆向思维法

1.反转型逆向思维法

这种方法是指从已知事物的功能、结构、因果等相反方向进行思考。

举例说明大家更容易理解。

有一位很聪明的妈妈,在对付不爱写作业的儿子时用到了反转型逆向思维法。她对儿子说:"今天我们换一种方式,我当学生,你当老师,我写作业,然后你来给我检查。"

儿子一听非常开心,想着终于能扬眉吐气一次了。等妈妈写完作业之后,他开始认真地检查起来,并且很快进入了老师的角色,每一道题都非常详细地给妈妈讲解了一遍。

最后,儿子累得够呛,说了一句:"妈妈,你怎么这么笨,所有题都做错了!"

【启示】

在这个案例中,妈妈巧妙地转换了角色,故意做错了所有题目。这样一来,儿子在帮妈妈检查对错和讲解题目的过程中,将题目全部做了一遍。这就是反转型逆向思维法。

2.转换型逆向思维法

这是一种转换思考角度解决问题的逆向思维法,当解决某一问题受阻时,转换思考角度,采取另一种手段,以使问题顺利解决。

看一个案例:

如今很多自助餐厅都面临着一个令人头疼的问题——浪费!很多食客在就餐时都会多点,大大超过了自己的食量,最后造成浪费。所以,很多餐厅都有浪费食物罚款的规定,但执行标准、力度并不统一,也很少有服务员较真的,毕竟谁也不想惹麻烦。

有一家烤肉自助餐厅的女老板很聪明,她懂一点心理学,知道人们厌恶损失的心理，就是面对同样数量的收益和损失时，损失更让人难以接受。当她发现街对面一家自助涮肉新出了一条规定"凡浪费食物者罚款50元"之后，并没有很快跟进，而是观察了一个月，结果发现那家店的老板喜欢较真，真罚！

为此，那家饭馆的老板没少和客人吵架，光警察就来了三次。很快，那家店的生意一落千丈。

于是，烤肉店女老板利用逆向思维，把规定改为："凡没有浪费食物者，一律奖励十元！"结果，她的生意越来越好，而且还有效杜绝了浪费！

【启示】

这个案例中的女老板不仅运用了逆向思维，还巧妙利用了人们厌恶损失、喜欢占便宜的心理。

3. 缺点逆向思维法

当人们发现自己的缺点、弱点、缺陷时，大多数人会想办法弥补，然而有时候这样做并不容易，这时不妨考虑从相反的方向切入，化被动为主动，化不利为有利，从而使事情得到更好的解决。

看一个案例：

在一个山沟里住着三户人家，这三户人家的三个学生每天都要走一段很长、很崎岖的山路才能到学校。他们最怕的就是下雨天，因为路滑很难走，稍不留意就会出现意外。

又到了雨季，一天，三个学生出门时还没下雨，但是为了防患于未然，甲带了一把伞，乙带了一根拐杖，而丙由于出门太急什么也没带。

结果，当他们走到半路时下起了暴雨。当他们到学校时，甲浑身湿透了，乙摔伤了，丙虽然迟到了但是既没有淋湿也没有摔伤，平安到达。

【启示】

在这个案例中，丙就很好地利用了缺点逆向思维法。先来看甲，因为带伞了所以大胆地走，但是风大雨大，虽然准时到达学校但是浑身湿透了。再来看乙，没带伞，但拄着拐杖，所以走得很快，想赶紧到学校，结果摔伤了。而丙什么都没有，只能小心翼翼地赶路，当雨势太大时索性躲了起来，等雨停了再走。结果他上学虽然迟到了，但是毫发无损。

很多时候，我们不是输在缺陷上，而是输在优势上。善于利用缺点逆向思维法，也是一种转被动为主动的好办法。

4.方位逆向思维法

方位逆向思维法实际上就是换位思考，站在对方的角度思考问题，这是逆向思维的一种方式。

看一个案例：

有一头猪、一只绵羊和一头奶牛，它们被关在同一个畜栏里。绵羊每年都会被拉出去剪两次羊毛，而奶牛每天都会被拉出去挤奶，所以它们对此已经见怪不怪了。

直到有一天，牧人准备将猪从畜栏里拉出去，结果猪大声嚎叫。旁边的绵羊和奶牛听见了就笑话它："至于吗，多大点事啊，我们经常被牧人捉去，都没像你这样大呼小叫的。"

猪听了哭着说："抓你们出去，一个是挤牛奶，一个是剃羊毛，你们知道抓我去干吗？他是要我的命啊！"

【启示】

你不是我，怎知我痛。人生在世，各有各的境遇，一个人很难理解另一个人的苦。这就要求我们利用方位逆向思维法，而且要在思考过程中多次运用，这也是核心原则。

5.因果逆向思维法

因果逆向思维法指的是有意识地颠倒事物之间的因果关系，试着由结果导出原因。

看一个案例：

有一个地区毒蛇泛滥，民怨四起，政府也没有好办法，于是颁布了一道命令，发动百姓自发治理，每杀死一条毒蛇就能获得奖励。

这就是典型的因果思维：因为毒蛇泛滥，所以悬赏治理。这条法令颁布之初非常奏效，民众为了奖赏，开始想办法杀死毒蛇。没过多久，民众发现最有效的方法就是"以毒攻毒"，于是开始纷纷养起毒蛇。

这就是因果逆向思维法，民众通过逆向思考，发现"以毒攻毒"的效果更好。

政府发现这种情况之后，无奈之下取消了奖赏。结果，人们纷纷把家里没用的毒蛇放生，导致毒蛇的数量比悬赏之前更多。

政府利用因果思维解决问题，民众运用逆向因果思维解决问题，最终问题又回到了起点。

【启示】

无论在生活中还是工作中，很多时候因果思维是无法解决问题的，这就需要我们改变思考问题的角度，倒过来想想，利用因果逆向思维解决问题。

6.心理逆向思维法

心理逆向思维法，指的是跳出自身的思考局限，分析对手的心理，从而逆向行动，实现自己的诉求。

据说早年间土豆刚刚传到法国时，农民并不愿意种植，于是有聪明人分析了农民的心理，认为他们不愿意接受新鲜事物，是因为担心种植自己不熟悉的土豆可能有风险，带来损失。

于是，政府为了激发农民的种植热情，采用了心理逆向思维，他们找人在试验田种植土豆，并派出重兵日夜把守。

农民一看，认为土豆一定是非常珍贵的东西，于是找机会溜进试验田，偷回了一些土豆种在自家的地里。渐渐地，土豆成为法国农民广为种植的一种农作物。

【启示】

通过分析对方的心理，采取逆向行动，最终实现自己的诉求。一切禁止都意味着加强，这是人性的特点，因此，运用逆向思维一定要建立在了解人性的基础之上。

逆向思维游戏习题集

1.猜赢了的哭

长期进行逆向思维训练，同样有助于开发大脑潜能。石头剪刀布的游戏，也可以用逆向思维的方式进行。例如，可以通过修改规则进行训练，赢了的人要"哭"，输了的人则要"笑"。做错表情的一方就算输。

一般来说，赢的一方肯定会得意扬扬，面露微笑，但是此刻要求运用逆向思维，要其做出"哭"的表情，这就需要进行短暂的思考，这个过程很好地锻炼了大脑的反应能力。

在开始练习之前,可以先进行一下表情练习,就算是热身活动了,否则很可能反应不过来。

赢的哭,输的笑

如上图所示,小姑娘出布,小男孩出石头,根据猜拳规则,显然小姑娘赢了。根据这道题的规则,小姑娘要做出哭的样子。

这种初级的逆向思维练习锻炼的是反应能力,是培养习惯的阶段,是为了今后遇到问题时,能够本能地从相反的方向思考,从而更好地解决问题。

2.抽烟的问题

一位虔诚的神父正在布道,这时有两个信徒烟瘾犯了,其中一个教徒找机会接近神父,悄悄问他能不能抽烟。神父一脸严肃地回绝道:"当然不行,这是多么神圣的场合。"

另一个教徒也忍不住了,看到前面的人挨了骂,于是想到换一种说辞再问问,结果神父竟然同意了,你知道他是怎么问的吗?

3.哈里斯的答案

聪明的哈里斯

哈里斯是一个聪明绝顶的家伙,在他所在的学校很有名气,他到底厉害在哪里呢?原来,他总是能够以人们意想不到的方式来解决问题,这让全校师生都很佩服他。

暑假开学之后,学校新调来了一位老师,她听说哈里斯的故事之后觉得很感兴趣,于是打算跟哈里斯过过招。

见面之后,这位老师说:"你好,哈里斯同学,我是新来的数学老师,我在其他学校的时候就听说过你的事迹了,今天终于有幸见到你,我也想问你几个问题,不知道可否?"

哈里斯笑着回答:"老师,过奖了,您问吧!"

接着,这位老师提出了三个问题:

(1)一个星期中有哪几天是以字母T开头的?

(2)一年有多少秒(seconds)?

(3)上帝的名字是什么?

这几个问题实际上并不难,只有第二个问题可能比较麻烦,有些聪明的孩子当时就能答出来，老师也并没有期望得到标准答案，她只是想看看哈里斯的答案有什么过人之处。

哈里斯并没有急着回答，而是表示需要回家想一想。

第二天，哈里斯带着他的答案回来了。

如果你是哈里斯，你可以利用逆向思维，给出不一样的答案吗？注意，老师期待的并不是标准答案哦！

发挥你的想象力，把那些疯狂的想法写出来吧！

_____

_____

_____

_____

4.理财顾问

富商

有一个富商手里有一笔钱，但是又找不到合适的投资项目，于是想找一个理财顾问帮助自己管理这笔巨款。他唯一的要求是投资回报率超过30%。之后，他开始进行公开招聘。他开出了一个高价，吸引了很多应聘者，最终有两位候选人入选。

最后，富商给了两个人一次机会，让他们各自说一句话，谁能打动他谁就能赢得这份工作。

A说:"根据我的经验,完全按照我的方法投资,有50%的概率能够完成目标。"

B说:"根据我的经验,完全按照我的方法投资,有10%的概率能够完成目标。"

问题来了,为了让自己的投资回报最大化,你觉得这位富商最后选择了哪一位理财顾问?注意,这不是一道很严谨的题目,发挥你的逆向思维能力,给出答案并解释原因。

5.如何让女士摘掉帽子

有一个国家的女人很有意思,她们非常喜欢戴帽子,各种档次的帽子被视为身份的象征。然而,也有麻烦的地方,就是去电影院看电影的时候。

很多女士在看电影的时候也不愿意摘掉帽子,结果挡住了后面观众的视线。被挡住视线的女人并没有过多抱怨,因为她们也不愿意摘掉帽子,而男观众则不断向电影院的管理方反映问题。

尽管管理方多次提醒女士看电影的时候应该摘掉帽子,但是她们并不听劝,而管理方又没有理由强制她们摘掉帽子。

一场将近两个小时的电影,必须全程伸长脖子看,实在太累了。因此,许多观众选择了不去电影院"受罪"。电影院的上座率越来越低,影院方面也着急了,意识到再这样下去就该关门了。那么,你知道怎样做才能让女士在看电影的时候自愿摘掉帽子吗?

发挥想象力的时候到了,把你们的答案写下来吧。这道题的答案并不唯一,最佳答案是最巧妙地运用逆向思维方式的那个。

6.聪明的富商

富商的珠宝

很多年前,有一位富商,他的生意范围很广,其中一部分属于边缘型的灰色业务,因此被很多犯罪分子惦记着。一次,他得手了一批珠宝,引起了黑道中人的注意,这位富商意识到风险,于是决定将这批珠宝存放到银行,毕竟这才是最安全的方法。

不过,富商咨询了一圈,发现每家银行的保险费用都很高,一年下来需要几万美金。他开动脑筋,想出了一个省钱的点子。

他选择了一家熟悉的银行,他在这里属于VIP客户,银行所有者都不敢得罪他,各个经理都视他为摇钱树,没人敢回绝他的要求。

富商正是抓住了银行经理的这种心理,提出了一项其他客户以前从来没有提出过的要求,结果以很低的价格将珠宝存到了银行。

大胆发挥你的逆向思维能力,不必考虑逻辑性,这只是一个故事。如果你是这个富商,你怎么用很低的价格将珠宝存到银行里?

期待你们五花八门的回答(答案并不唯一)。

7.傻哥儿俩

曾经有一个地主，生了两个傻儿子。在知道自己将会不久于人世之后，他希望儿子能够继承自己的事业，而不是坐吃山空。于是，他出了一道题："你们每人选一匹汗血宝马上山跑一圈，回来的时候，看谁的马后到家，谁就将继承我的事业与大部分家产。"

地主特意叮嘱了一句："记住，我考验的是你们的智商！"

兄弟俩琢磨了半天，心里很纳闷，嘀咕道："怎么还有比谁慢的？"这哥儿俩不紧不慢地骑上马出门了。于是，漫长的等待开始了。

从日出到日落，地主被气得半死，天都黑了还不见两个傻儿子回来。实际上，两个人早就溜达回来了，都在离家不远的地方停下了，等着对方先进门。

这时，放羊回来的牧童看见了他们，觉得很奇怪，于是就问道："你们俩这是什么比赛啊，是比谁跑得慢吗，都一天了怎么还没回家？"

兄弟俩闲着也没事，于是把情况向牧童叨唠了一遍，牧童听后只说了一句话，两个人赶紧往家跑。

你知道牧童说了一句什么话吗？

8.无人问津的作品

曾经有一位作家写的小说无人问津，在走投无路的情况下，他想出一个好点子，用自己最后的积蓄发布了一则征婚启事，结果他的小说很快一售而空。发挥你的逆向思维能力，如果你是这位作家，怎么写这则征婚启事才能让自己的作品畅销呢？（答案并不唯一）

第三章 逆向思维——倒过来想问题，事情也许会变得更容易

你会怎么写这则决定命运的征婚启事呢？

___

9.图形推理1

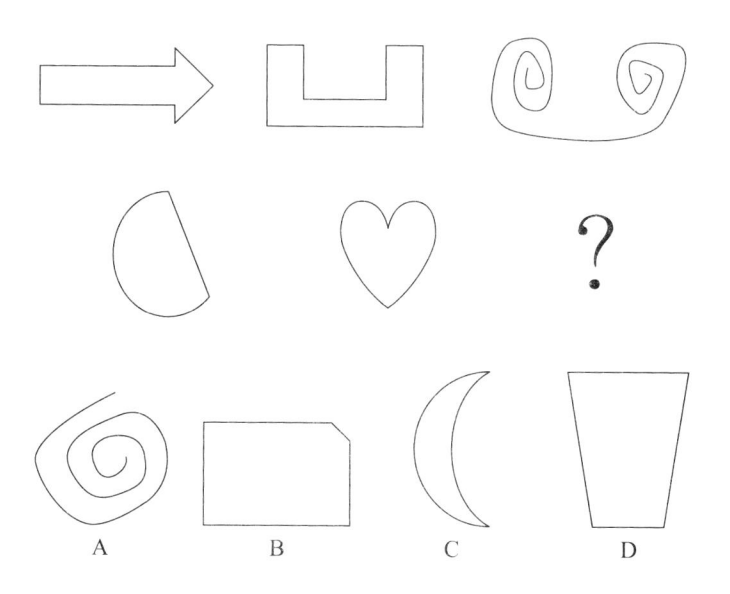

题干一共给出了5个元素，很明显这道题的问题是最后的问号处应该填什么？

仔细观察图形元素的规律、共性和差异性，利用逆向思维选出答案。

10. 图形推理2

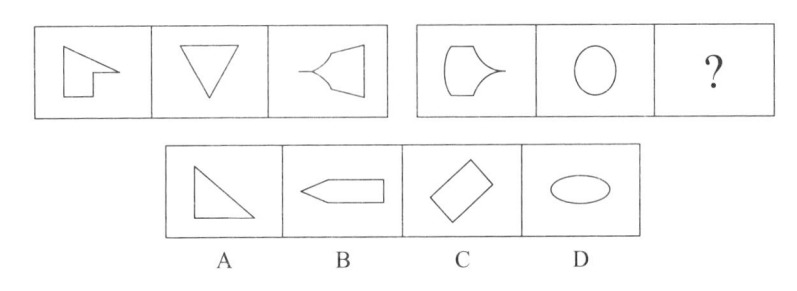

这道题与前一道题的解题思路一样，先来找规律。按照正常的思路，先从题干寻找规律，结果与前一道题一样，没有共性的地方。这时，就需要切换到逆向思维模式，既然题干没有线索，就从答案找。

11. 数字图形推理

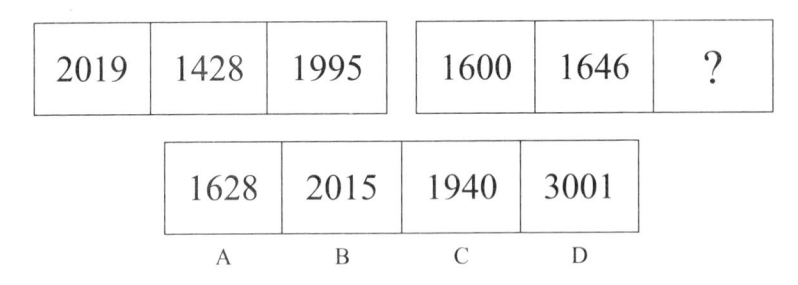

如图所示，这是一道数字图形推理，看到这种题目先从是否为封闭区间或非封闭区间分析。什么是封闭区间？例如，"2019"，0和9这两个数字都属于封闭区间，都有闭合的区域；2和1这两个数字就属于非封闭区间。

利用逆向思维，先从答案开始分析，然后找出题干中问号处的数字。

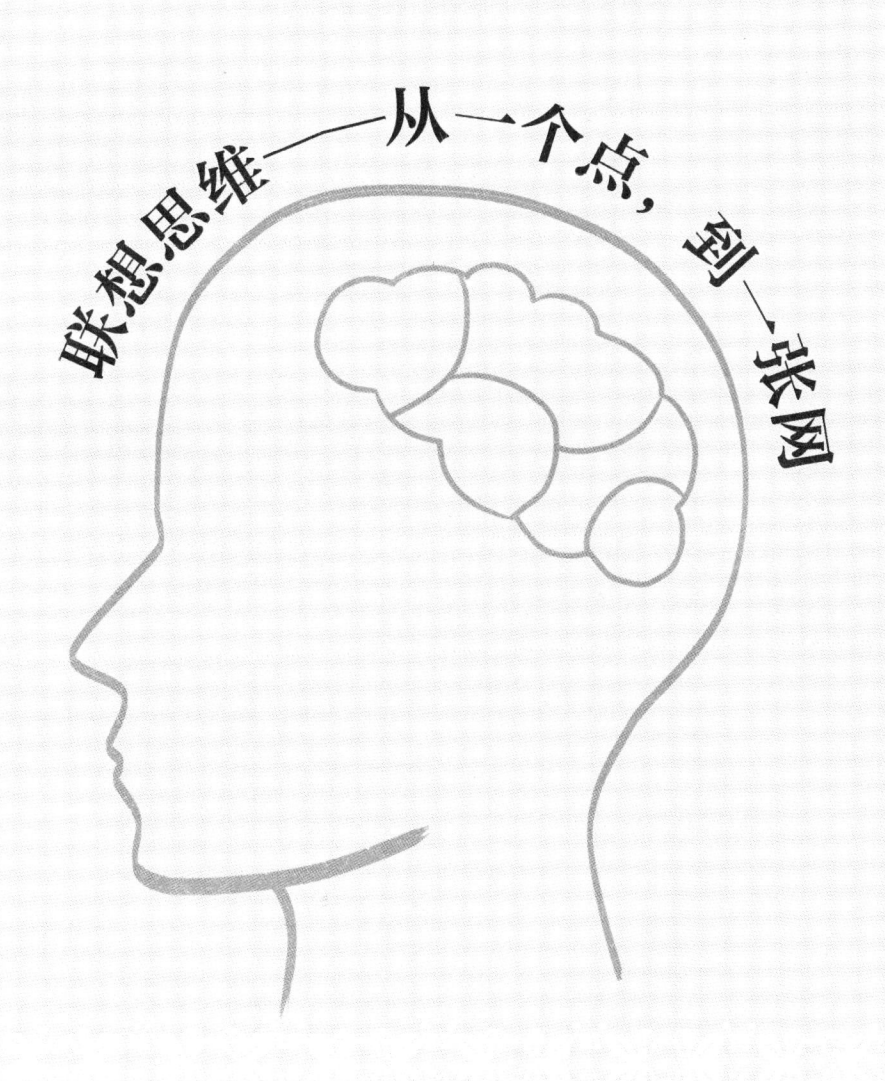

第四章

联想思维——从一个点，到一张网

【测试】敢不敢让你的想象力放肆生长——联想能力测试

下面是一个有关联想能力的测试，完成下面各题，看看你的联想能力怎么样。我们以第一道题为例，很明显眼镜是为了帮助眼睛看得更清楚，那么答案自然是A，拐杖是帮助腿脚走路更方便。

好了，根据这个思路，继续完成下面的题目：

1.眼镜→眼睛；(　　　)。

A.拐杖→腿脚　　　　　　　B.口罩→口鼻

C.帽子→脑袋　　　　　　　D.手表→手腕

2.高兴→快活；(　　　)。

A.信任→信息　　　　　　　B.严肃→严谨

C.真诚→诚实　　　　　　　D.闲聊→休闲

3.笔记本之于(　　　)，相当于(　　　)之于商店。

A.公司、医院　　　　　　　B.个人、病人

C.电脑、茶叶店　　　　　　D.学生、售货员

4.(　　　)之于二锅头，相当于(　　　)之于晚间新闻。

A.咖啡、报纸　　　　　　　B.茶、电视

C.酒、新闻　　　　　　　　D.寺庙、电视

5.感冒→医院→医生；(　　　)。

A.招商→企业家→政府　　　　　　B.离婚→夫妻→民政局

C.犯法→法官→监狱　　　　　　　D.比赛→裁判→运动场

6.梳妆台→起居室→房屋；（　　　）。

A.楼梯→楼房→小区　　　　　　　B.山→长江→绿草

C.出租车→机场→乘客　　　　　　D.客厅→厨房→房屋

【参考答案】

1.A。

2.C。高兴与快活明显是同义词，而真诚与诚实也是同义词，故选C。

3.C。笔记本是电脑的一种，茶叶店是商店的一种。

4.C。二锅头是酒的一种，晚间新闻是新闻的一种。

5.C。根据题干，因为感冒了，所以要去医院看医生，故选择C，符合因果关系，因为犯法了，所以等待法官审判，然后进监狱服刑。

6.A。根据题干，梳妆台位于起居室里面，起居室又位于房屋里面，所以选择A，楼梯位于楼房里面，楼房又位于小区里面。最接近的是D选项，但是客厅与厨房是并列关系，所以不考虑。

【评价标准】

答对少于2道题的，说明你的联想能力很差，需要进行有针对性的训练。

答对3—4道题的，说明你的联想能力还不错，反应比普通人快一些，但还有进一步提升的空间。

答对5—6道题的，说明你很擅长联想思维，可以通过训练继续保持，将会对学习与工作起到促进作用。

让你的想象力野蛮生长——联想思维的 6 种形式

1.反向联想

反向联想也称为对比联想,当两种事物在性质、大小、外观等方面存在相反的特点时,人们在看到其中一种事物时,会习惯性地联想到另一种事物。比如,由笑脸联想到哭脸。

笑脸→哭脸

又如,在大城市生活的民众,最头疼的问题之一恐怕就是交通阻塞了,那么一些房地产商就会从这一角度出发,反向引导消费者设想没有交通烦恼的美好景象,从而推销自己在郊区的楼盘。

2.相似联想

相似联想指的是由某一事物想到在特性、功能、外形、颜色等方面与之相似的其他事物。例如,看到天空中飞翔的小鸟,联想到飞机,它们的共性是都能飞;由火柴联想到打火机,再到烟花,它们的一个共性是可以燃烧,还有一个共性就是都属于危险品。

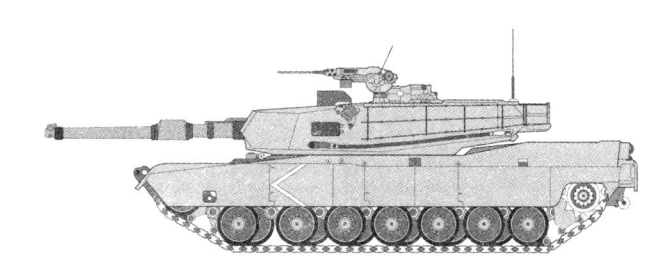

看到坦克你会想到什么?

自然会想到可怕的战争

3. 接近联想

接近联想指的是因两个以上的事物在空间或时间上的相关而引起的联想。例如，看到雪你会想到什么？冬天！因为冬天是下雪的季节，两者在时间上是接近的；看到北京站，会联想到动车，因为在空间上两者是接近的。

看到相机你会想到什么？

自然是相片喽！

4.因果联想

因果联想指的是由某一事物联想到与之有因果关系的另一事物。

例如，提到足球，我会先想到梅西、C罗这种超级球星，然后联想到他们的天价年薪。因为足球，所以想到梅西；因为梅西足球踢得好，所以能拿到天价年薪。

足球→梅西→天价年薪。

再来看一个故事：

美国一家肉食加工厂的负责人某天在看报时读到了一条新闻，说墨西哥发生了动物瘟疫。这位精明的商人很快意识到，墨西哥发生瘟疫，很快就会传到与之相邻的加利福尼亚州和得克萨斯州，也就意味着美国政府很快会颁布禁令，不允许从墨西哥与上述两个州进口肉食品，而这两个州又是美国肉食品的主要生产基地。

这意味着什么呢？当然是肉价将会上涨！

这位聪明的美国商人马上飞往墨西哥实地考察，发现疫情是真的，于是立即集资从加利福尼亚州和得克萨斯州购买了一批牛肉和生猪，并及时运到东部。

如他所料，瘟疫很快从墨西哥扩散到了上述两州。联邦政府发布禁令，一时间美国肉食品紧缺，价格暴涨。

这位商人在短短几个月内净赚了900万美元。

在这个故事中，商人用到的就是因果联想的思维方式，因为瘟疫将导致肉食品紧缺，价格上涨，所以事先囤货必将大赚一笔。

提到沙漠你会想到什么?

被誉为"沙漠之舟"的骆驼

5. 连锁联想

连锁联想指的是根据事物之间这样或那样的关系,一环扣一环地进行联想,从而想出全新的创意。

A在某商业街开了一家书店,但仅靠卖书的收入还不够交租金,于是他想到扩展经营业务范围。他决定在书店中出售饮品,而且自己研制了一种奶茶,这样大家可以边看书边休闲,很惬意。没想到,书没卖出去,这款奶茶却火了,很多人来这里排队买奶茶。A很有商业头脑,索性又在这条街开了一家奶茶店,生意火爆。

在这个案例中，用到的就是连锁联想，由于书店生意不好，需要扩展经营范围，于是开始出售奶茶等饮料，最后直接开了一家奶茶店。

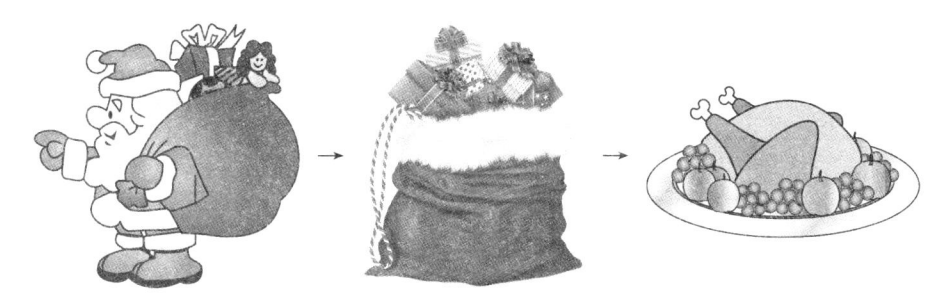

由圣诞老人联想到圣诞礼物，再联想到圣诞大餐

6.跳跃联想

也称为飞跃联想，就是在没有任何联系，且相距甚远的事物之间进行联想，从而引发出某种全新的设想。

美国的一支探险队在南极考察时，准备将船上的汽油输送到建好的基地，但输油管不够长，这可愁坏了队员们。

后来，队长突发奇想，用冰做成输油管道，从而解决了汽油输送的问题。

这就是跳跃联想，输油管道和冰，在两个原本毫不相关的事物之间进行联想。

激发最强创意——联想思维两种经典方法

第一种：类比法

所谓类比法，指的是陌生与熟悉的比较，未知与已知的比较，从中找出解决问题的思路。

类比法又分为四种：直接类比、仿生类比、因果类比、对称类比。

直接类比，根据原型的启发，直接将某类事物的特性、现象或规律用到另一类事物上。例如，现在很多白领上班前都会喷香水，但是香水的味道持久性不强，于是有人发明了香水纽扣，直接将香水注入扣子里面，这样可以让香气更加持久。

仿生类比，指的是通过仿生学对自然系统进行生物分析和类比的启发创造新方法。例如，人类发现鸟可以飞上天空，于是分析鸟类翅膀的结构和飞行原理，从而发明了飞机。

因果类比，指的是根据某一事物的因果关系推出另一个事物的因果关系，从而产生新的成果。例如，在水泥中加入一种发泡剂，使水泥重量变轻，同时又具有隔热和隔音的性能，结果发明了一种气泡混凝土。

对称类比，指的是利用对称关系进行类比，从而产生新成果。例如，化妆品以前都是女人在用，根据对称类比，男士化妆品应运而生了。

第二种：移植法

所谓移植法，指的是把某一事物的原理、特性、结构、方法、材料等转到当前的研究对象中，从而产生新的成果。

移植法也分为四种：原理移植、结构移植、方法移植、材料移植。

原理移植，顾名思义，是将某种科学技术原理应用到新的研究领域。例如，超导技术具有提高强磁场、大电流、无热耗的特性，将这一技术应用到交通领域可以用来制造磁悬浮列车。

结构移植，指的是将某事物的结构形式、特征移植到另一个事物上，从而产生新的事物。

例如，我国古代发明了一种叫作竹蜻蜓的玩具，就是如今的竹蜻蜓，用手快速搓动圆杆，螺旋桨带动圆杆就可以飞起来。采用结构移植的联想方式，后来人们发明了直升机。

方法移植，指的是将全新的方法应用到新的情景中，从而产生新的成果。例如，面团发酵，可以使内部产生大量气体，让体积膨胀。将这种方法移植到塑料生产中，就可以发明出物美价廉的泡沫塑料。

材料移植，指的是将某种产品的材料移植到其他产品的制作上，从而产生全新的产品。例如，亚硫酸锌这种材料具有白天吸收光线、夜间发光的特性，于是被用来制造电器开关、夜光工艺品等产品。

联想思维习题集

1.词语联想

根据题干中的关键词进行联想，记录时间，不能进行网络搜索。举例：巨人、休斯敦、篮球、11。

【提示】猜人名。

【答案】姚明。被誉为"小巨人"的姚明是一位篮球运动员，当年曾在美国休斯敦火箭队效力，身披11号球衣。

下面进入具体问题，请记录每一道题目所用时长。

A.猜人名：足球、宇宙队、阿根廷、超级巨星。

B.猜品牌：性价比高、手机、产品多元化、科技公司。

C.猜一项体育运动，答案为4个字：屡败屡战、归化球员、全民瞩目。

2.反向联想

这是一道反向联想练习题，注意：并非都是反义词。例如：上→下，左→右，黑暗→明亮，无聊→有趣。题目会逐步提升难度，注意记录时间。

高→（　　　　）

抬头→（　　　　）

悄悄地→（　　　　）

无忧无虑→（　　　　）

我不是警察→（　　　　）

我不喜欢雨天→（　　　　）

3.数字谐音联想

这道题很有意思，利用数字谐音进行联想，例如：

520——我爱你。

7321——轻伤而已。

141421——意思意思而已。

下面开始答题，难度同样是逐步提升：

1314——（　　　　　　）。

282——（　　　　　　）。

330335——（　　　　　　）。

456——（　　　　　　）。

51396——（　　　　　　）。

6868——（　　　　　　）。

70345——（　　　　　　）。

8074——（　　　　　　）。

9908875——（　　　　　　）。

4.词语串联

根据随机提供的词语串联成短句，最基础的要求就是符合逻辑，然后逐步提升难度，如组成笑话、短句等。

关键词：乌云、海面、暴雨、衣服。

短句：天空乌云密布，海面波涛汹涌，眼看暴雨将至，快点回家收衣服吧。

这道题没有所谓的正确答案，只要符合逻辑就行，可以开动你的想象力进行练习。词汇量越多，难度越大。

第一组：风、桃子、猪八戒、外国人。

第二组：猫奴、薰衣草、皮沙发、哈士奇、手机。

第三组：必胜客、足球场、爆射、小黄车、照镜子、没带钱。

5.点—线—面联想法

点—线—面联想法实际上就是基本元素联想法。

由一个黑点你能想到什么？

芝麻？没问题！你还能想到什么？将10秒之内能想到的都写下来。

以此类推，由一条线你能想到什么？

由一个面你能想到什么？

6.联想速度练习

这项练习的目的是提高联想速度，从而更好地激发大脑潜能。题干给出两个互不相关的词，要求在最短的时间内，使用最少、最简短的词语将两个词联系起来。

举例来说，笔和月亮是两个毫不相关的词，如何通过联想让它们产生联系呢？

笔—书桌—窗户—月亮。

在这个案例中，使用了两个词就将笔与月亮联系起来了。笔自然是放在书桌上，书桌一般摆放在窗户边上，透过窗户自然可以看到天空中的月亮。

完成下列两组练习，并记录时间。

A.麦田—艺术家。

_____

_____

B.油泵—台灯。

_____

_____

7.猜字联想

根据提示词的共性展开联想，猜出相关的字。举一个例子，刀叉—番茄—日落—取经，猜一个字。

你能想到什么？

答案是"西"。

刀叉对应西餐。

番茄的别名是西红柿。

日落时有夕阳，"夕"的谐音是"西"，还可以理解为太阳东升西落。

取经就好理解了，唐僧去西天取经。

准备好了请开始答题：

A.马德里—斗牛—皇家进行曲—天主教，猜三个字。

B.物理学家—剑桥大学—渐冻症—时间简史，猜两个字。

这道题如果知道渐冻症的意思，应该很容易想到答案。

8.联想数量练习

给出一个词、物或限定领域，在限定时间内联想出尽可能多的词语。例如，请在1分钟内说出尽可能多的家电产品。答：电视、电话、电饭煲……

接下来进入具体练习。

A.请在1分钟之内尽可能多地写出形容天气冷的词语：

B.请在1分钟之内尽可能多地写出你熟悉的汽车品牌：

C.请在1分钟之内尽可能多地写出吃火锅所需要的食材：

D.请在1分钟之内尽可能多地写出各国首都的名字：

这道题很容易，没有固定答案，考验的是短时间内的联想能力。读

者若想知道自己的答案是否符合题干要求，可以从网上搜索。

9.添字联想

这道题是在题干中给出的字后面添加同一个字，使其组成不同的词。例如：自、触、感、幻、睡。

【思路随想】

在后面添加一个字的话，我的方法比较笨，就是先根据第一个字组词，我首先想到的是"自然"，但到第二个字就行不通了。第二次我想到的是"自觉"，这回可以了：自觉、触觉、感觉、幻觉、睡觉。很明显，这道题的答案是"觉"。

如果从第一个字入手理不出思路，不要钻牛角尖，切换到发散思维，从其他字开始，这会帮你节省很多时间。

接下来，我们进行具体练习。

A.庸、病、老、主、家。

B.阵、瑞、大、风、初。

C.上、房、开、隔、庐。

10."0"的联想

当你看到阿拉伯数字0时，你能想到什么呢？请在1分钟之内将你能想到的答案都写出来：

11.多步联想

随机拟定一个主题，然后分多个步骤进行联想，要求具有相关性与逻辑性。例如，你想追求心仪的女孩，你打算如何做呢？

第一步：约女孩吃饭。

第二步：挑选餐厅。

第三步：选择话题。

第四步：看电影。

这就是一个多步联想练习，步骤越多难度越大。接下来，我将随机给出3个主题，要求针对每一个主题分10步进行联想，时间限定在5分钟之内。

A. 圣诞节。

_____

_____

B. 打篮球。

_____

_____

C. 学车。

_____

_____

12.随机联想

随机提供一些词汇，要求在3秒之内写出第一个联想到的词语。

飞机→（　　　　）。

火箭→（　　　　）。

足球→（　　　　）。

权力的游戏→（　　　　）。

一首歌名→（　　　　）。

房子→（　　　　　）。

月亮→（　　　　　）。

13.巧移乒乓球

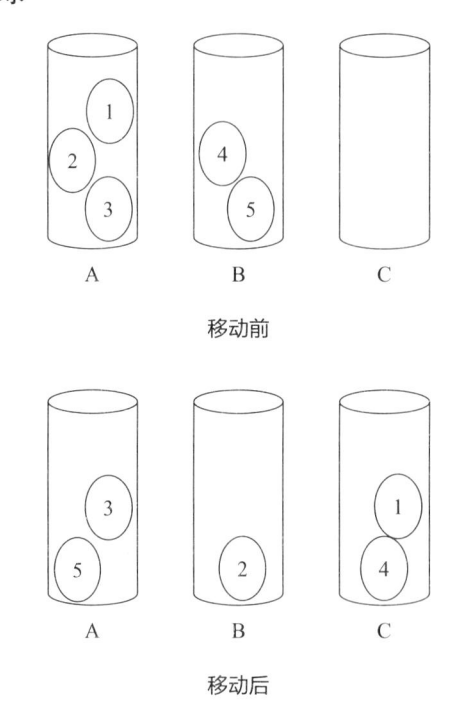

A　　B　　C

移动前

A　　B　　C

移动后

如图所示，图片上方有3个玻璃杯，A玻璃杯里面装着3个乒乓球，分别标号为1、2、3，B玻璃杯里面装着两个乒乓球，分别标号为4、5，C玻璃杯是空的。

充分发挥联想能力，通过移动乒乓球，将图片上方的3个玻璃杯变成图片下方所示的样子，也就是说A玻璃杯装3号球与5号球，B玻璃杯装2号球，C玻璃杯装1号球和4号球。要确保每个玻璃杯中球的上下位置与图片中的一致。

具体要求：

第一，每次只能移动一个乒乓球。

第二，每个玻璃杯最多只能容纳3个乒乓球。

14.翻转高脚杯

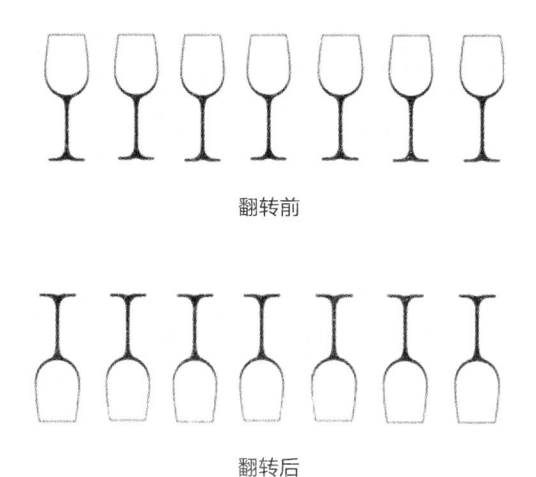

翻转前

翻转后

如图所示，图片上方有7个并排摆放的高脚杯，要求将高脚杯翻转为第二行高脚杯的样子。别急，没你想的那么容易，翻转是有前提的，每次必须翻转3个高脚杯。那么问题来了，最少需要翻转几次才能达到要求？

第五章

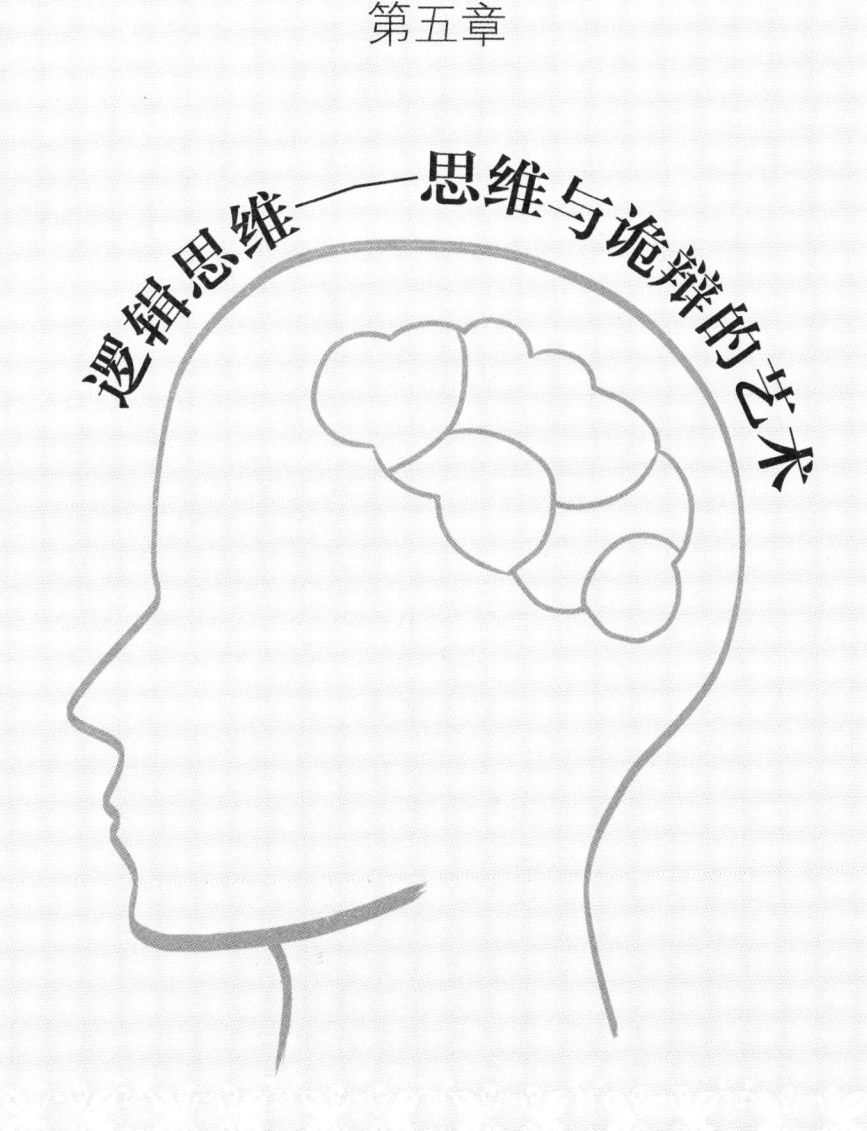

逻辑思维——思维与诡辩的艺术

【测试】没有逻辑，一切都是零——逻辑思维能力测试

日常生活中，很多错误的出现几乎都与逻辑能力有关。可以说，没有逻辑的人，做什么都是在瞎忙活，毫不客气地说，他们做的都是无用功，一切都是零。

随着互联网的普及，人们的逻辑思维能力也在直线下降，因为我们不用费力思考，就能轻而易举地从网上找到答案。久而久之，我们也就懒得运用逻辑思维进行思考了。

如果你不信，接下来的测试会向你证明，你的逻辑思维能力并没有你想象中的那么好。完成下面10道题，测试一下你的逻辑思维能力吧！

1.梅西是球星，球星擅长踢足球。因此，梅西会踢足球。（　　）

A.是　　　　B.否

2.我比库里矮，库里比姚明矮。所以，我比姚明矮。（　　）

A.是　　　　B.否

3.我的朋友强子是足球队的，足球队有守门员。所以，强子是守门员。（　　）

A.是　　　　B.否

4.如果今晚下雨，明天会很冷。今晚真的下雨了，所以（　　）。

A.明天很冷

B.明天很暖和

C.明晚还会下雨

5.所有怪物A都有3个鼻子,怪物B有3个鼻子,所以怪物B与怪物A是一样的。(　　)

　　A.是　　　　　　B.否

6.可乐比脉动便宜,我的钱不够买两瓶可乐。所以(　　)。

　　A.我的钱不够买一瓶脉动

　　B.我的钱可能够买一瓶脉动,也可能不够

7.梅西和C罗一样强,C罗是一个比大多数人都要优秀的足球运动员。所以(　　)。

　　A.梅西是这些选手中最出色的

　　B.C罗是这些选手中最出色的

　　C.梅西是一个比大多数人都要强的足球运动员

8.长方形是有直角的图形,A图形没有角。所以(　　)。

　　A.A图形是一个圆

　　B.无法确定

　　C.A图形不是长方形

9.你在路上开车,如果突然踩刹车,跟在你后面的车将会撞上你;如果你不这样做,你将会撞到行人。所以(　　)。

　　A.行人不应在路上行走

　　B.后面的车速度太快

　　C.你要么被后面的车追尾,要么撞到行人

10.有的侗族人是贵州人,贵州人有的是警察。所以(　　)。

　　A.有的侗族人不一定是贵州人或警察

　　B.侗族人不可能是贵州人或警察

【参考答案】

题号	1	2	3	4	5	6	7	8	9	10
答案	A	A	B	A	B	B	C	C	C	A

10道题，答对得1分，答错不得分。

5分以下：这么简单的逻辑题，如果你的得分还不足5分，你需要抓紧时间练习了。

5分以上：你的逻辑思维水平刚刚达标，即便你得了满分也不要骄傲，接下来会有更多逻辑思维练习，继续精进，巩固你的水平。

疯转吧，大脑！——逻辑思维经典推理方法

1.三段论

这是一种通过观点之间的联系推导出结论的方法，我们先来熟悉一些三段论的结构：每一个M都是P，每一个S都是M。所以，每一个S都是P。

第一个命题是大前提（一般性原则）。

第二个命题是小前提（附属于前面大前提的特殊化陈述）。

第三个命题是结论（由此引申出的特殊化陈述，即符合一般性原则的结论）。

M、S、P分别代表三个命题中要表达的观点，M代表中项，S代表小项，P代表大项。论证的成功与否取决于中项M，因为它起到连接作用。

举例说明：

人固有一死。

苏格拉底是人。

所以苏格拉底固有一死。

"人"是连接大小前提的"中项"（习惯上以"M"表示）。

"固有一死"是出现在大前提中又在结论中做谓项的"大项"(P)。"苏格拉底"是出现在小前提中又在结论中做主项的"小项"(S)。

很明显,中项"人"在上述句子中起到了桥梁的作用。

2.归纳法

归纳推理是一种通过观察、实验和调查得到个别事实,再从个别事实中概括出一般原理的推理方式。比如,我们常常听到"燕子低飞要落雨"的俗语,这就是我们的祖先通过归纳推理所得出的结论。他们通过观察发现,"燕子低飞"的现象往往预示着随后会下雨,于是便把这两种反复发生的个别事实上升到了一般原理。

看一个案例:

1、2、3、4、(　　)。

括号里应该填什么数字?

大部分人都会猜是5,因为根据前面几个数字的排列规律,推理出的答案自然是5。这个5就是归纳推理的结果。

我们再来看一个简单的案例:

$1+3=4=2^2$

$1+3+5=9=3^2$

$1+3+5+7=16=4^2$

根据上面的算式,你能推理出接下来的算式吗?

通过观察,结合数学常识进行分析,很容易得出结论:

奇数相加,下面应该是$1+3+5+7+9=25=5^2$

这就是归纳推理方法的运用。

3.递推法

递推法是一种递进式的推理方法,由最初的思路一步步递推,从而求得问题的解决方案。该方法的核心在于抓住细节一步步探索、推进，仔细分析问题的原因、结果、表象及本质。采用先易后难的原则，逐一分析过程中出现的问题，最终找到答案。

这是一种由已知找未知，由原因找结果，由表象发掘本质的方法，这种做法可以确保每一步都更加精准，整个解决问题的过程也会更加清晰。

看一个案例：

如果姚飞喜欢篮球，则要去篮球学校训练；如果他不喜欢篮球，则可以成为篮球教练员；如果他不去篮球学校，则不能成为篮球教练员。

根据题干，采用递推法一步步厘清思路：

A.不喜欢篮球运动

B.成为篮球教练员

C.不去篮球学校

D.去篮球学校

E.不成为篮球教练员

a：喜欢篮球→去篮球学校

b：不喜欢篮球→可以成为篮球教练

c：不去篮球学校→不能成为篮球教练

由c可以推理出它的逆否命题：

d：能成为篮球教练→去篮球学校

由b和d推理出e：

e：不喜欢篮球运动→去篮球学校

因此，根据a和e，无论姚飞是否喜欢篮球，都将去篮球学校。

4.假设法

在实际推理时，已知的证据和真相往往只有一小部分，这时就需要运用假设推理，在立足于已知的前提下构筑假说，并通过谨慎地求证来巩固假说的可靠性，最终推理出事实真相。

假设法是在已知的基础上对未知进行初步的判定，如果在推理过程中发现方向与已知条件发生冲突，那么假设就不正确；如果方向与已知条件一致，就说明假设是成立的。

看一个案例：

有三位行业内的权威专家，分别对三家上市公司进行预测。

专家A表示：第一家公司的市值会有所提升，但不能抱有过高的预期。

专家B表示：第二家公司的市值可能会下跌，除非第一家公司的市值上升超过5%。

专家C表示：如果第二家公司的市值上升，那么第三家公司的市值也会上升。

三位专家水平的确很高，他们的预测都对了，而且第三家公司的市值跌了。那么，以下哪项叙述最可能是那一天市值变动的情况？

A.第一家公司市值上升了9%，第二家公司市值上升了4%

B.第一家公司市值上升了7%，第二家公司市值下跌了3%

C.第一家公司市值上升了4%，第二家公司市值与前一天持平

D.第一家公司市值上升了5%，第二家公司市值上升了2%

E.第一家公司市值上升了2%，第二家公司市值有所上升

我们利用假设法分析，先假设C为真，也就是第一家公司的市值上升了4%，未能超过专家B预言的5%，也就是说第二家公司的市值并不会下跌。

专家B预测的是第一家公司的市值如果超过5%，第二家公司的市值可能会下跌。这里只是说了可能，也就是说有下跌的可能，并不是非常肯定。

因此，正确答案是C！

5.倒推法

顾名思义，从问题的结果出发，利用已知条件一步步倒推出答案。实际上，这是一种利用逆向思维推理的方法，当正向推理没有思路时，不妨试着从结果往前推，往往能够取得不错的效果。

倒推法是一种目标驱动推理，它的推理方式和一般的正向推理正好相反，即"果中寻因"，先从目标、事实和结论出发，然后在已知的证据和线索中找出能够支持结论成立的证据，以验证该结论的正确性。

看一个案例：

5名江洋大盗成功打劫了一处当铺，他们将所得赃物在黑市上出手，总共换来了100枚金币。5个人商量以后决定，通过抽签排出1—5的顺序，每个人按顺序说出自己的分配方案。

这看起来很合理，但是凶徒狡猾的一面很快体现出来，他们增加了一个附加条款：每个人提出的方案必须赞成票多于反对票才能通过，反之，方案没有通过的人将会被处死。

那么，抽到1号的人说出怎样的方案才能既获得最多的金币又能保住性命呢？

关于这道题采用倒推法是最合理的，也就是说从5号开始往前推。

对于抽到5号的劫匪来说，无论前面的人提出怎样的答案，他都投反对票是最合理的，这样才能保证自己的利益最大化，因为一旦前面的人的方案被否决，也就意味着那个人会被处死，那么到最后他就可以独吞100枚金币了。

再分析4号，很明显，谁都能轻易猜出5号的心思，所以4号如果想活命，必须选择支持3号。

再看3号，他肯定会对前两个人一直投反对票，直到自己拿出方案。

因为处死前两个人之后，还剩下3个人，而且4号如果想活命必须支持自己，由此3号可以提出自己独吞100个金币的方案。

2号肯定会不管3号，只分给4号与5号各一个金币，自己分98个金币。这样一来，4号、5号虽然不乐意，但是没有办法，必须选择支持他，否则就会被处死。

最后分析1号，为了活命，1号只有放弃2号，然后可以给3号1个金币，给4号或者5号两个金币，自己则可以拿到97个金币。这样一来，2号肯定不同意，3号同意，4号与5号中拿到钱的那个人肯定会同意。1号再给自己投一票，共3票，多于反对票，他的方案就会通过，不仅保住了性命，还可以让自己的利润最大化。

倒推法的优势在于其针对性极强，有助于排除与目标无关的信息，且能为推理过程提供较为精确的思路解释。不过需要注意的是，不要预设立场，否则就会犯先入为主的错误，被感性因素干扰。

6.类比法

在逻辑学中，类比推理是根据两类对象在某些属性上相同或相似，通过比较推断出它们在其他属性上也存在相同的推理过程。

类比推理主要分为两个步骤，一是找出两类事物之间的相似性或一致性，二是基于其中一类事物的属性去推测另一类事物的属性。

类比推理属于判断推理中的一种题型，2006年之后引入国家公务员考试，下面这道题就来自2007年的国考题。

阳光：紫外线

A.电脑：辐射

B.海水：氯化钠

C.混合物：单质

D.微波炉：微波

题干中阳光与紫外线的关系属于整体与组成部分的关系，因此答案为B，海水与氯化钠的关系同样是整体与组成部分的关系。

类比推理可分为同类类比与异类类比。例如，已知地球与火星具有许多相同的属性，地球上有生物存在，从而推理可知火星也有生物存在，这就属于同类类比。棉花与积雪是不同的类型，根据棉花与积雪都具有疏松、能贮存空气的属性，棉花具有保温效果，从而推理可知积雪也有保温效果，这就属于异类类比。

除此之外，还有同向类比、肯定类比、否定类比、反向类比等，运用这些方法进行练习都可以起到提高逻辑思维能力的作用。

逻辑思维习题集

1.取水问题

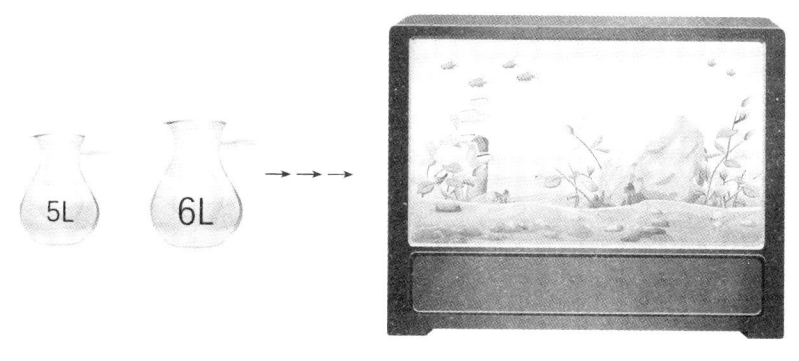

你知道应该怎么取水吗？

小明想给家里的鱼缸换水，他找来了两个水壶，容积分别为5升和6升。小明的妈妈为了考考儿子，就问他如何用这两个水壶从鱼缸里盛出3升水。

2.老教授的年纪

有趣的老教授

有一位老教授在正式讲课之前,向学生们提出了一个问题:"前天我81岁,但是今年我将83岁。"

问题:老教授说的话有可能吗?

3.如何移动玻璃杯?

有6只玻璃杯,前面3只盛满了水,后面3只是空的。现在要求只用1步就让盛满水的杯子和空杯子变成交错排列的,即相邻的两只杯子必须是一满一空。请问如何才能做到?

4.赚了多少钱

张晓晓花了80元买了一个手机壳，然后在闲鱼网上以90元的价格卖掉了。事后她觉得不划算，和买家商量之后，又花100元买了回来。没过几天，她以110元的价格把手机壳卖给了另外一个人。

问题：张晓晓赚了多少钱？

5.电子游戏

捡宝石游戏

杰森在玩一款电子游戏，游戏内容是捡宝石。在游戏中，从1楼到10楼的电梯门口都放着一颗大小不一的宝石，主人公乘坐电梯从1楼到10楼，每到一层楼电梯门都会打开一次，但主人公手里始终只能拿一颗宝石。请问主人公怎样才能拿到最大的一颗宝石？

6. 我是谁

WHO AM I？

我是谁

请根据题干给出的线索猜测"我是谁"。

我是一名运动员。

我低调谦逊。

我的技术出色。

我的竞技状态出色，常年位居世界最佳之列。

在团队中我努力成为一名领袖。

我职业生涯的大部分时间只效力于一个俱乐部。

我曾赢得过无数荣誉却一直未能获得世界杯冠军。

---

7. 我是什么

WHAT AM I？

我是什么

请根据题干给出的线索猜测"我是什么"。

我是一种舞蹈。

20世纪70年代起源于美国布朗克斯区。

我的舞步具有很强的视觉冲击力。

年轻人非常喜欢我。

我具有很强的艺术表现力与创造力。

需要配合动感的音乐节奏。

不需要正式的场地，在街上就可以翩翩起舞。

8.过桥

一支由4个人组成的医疗小队需要在17分钟之内赶到一个村落，那里有一位病人急需救治。由于村子没有修路，汽车开不过去，4个人只能选择步行，而且途中必须跨过一座桥。

当时天色已晚，没有路灯，4个人只有一只手电筒。这座桥并不宽，一次最多只能允许两个人一起过桥，而且过桥的时候必须拿着手电筒，否则就会掉落河里。因此，当两个人过了桥之后，还得有一个人再把手电筒带回来。

4个人的步行速度各不相同，若两人同行则以较慢者的速度为准，几个人的过桥时间如下。

甲：1分钟。

乙：2分钟。

丙：5分钟。

丁：10分钟。

提问：他们要如何在17分钟内过桥呢？

【思路随想】

网友A：两个人过桥之后将手电筒扔回来，这样能够加快速度。

这个方法并不靠谱，在没有路灯漆黑一片的情况下，河对岸的人根本无法接住手电筒。而且这道题不是考验发散思维的，这个想法不合理。

9.微软面试题

据说这是微软公司的一道笔试题:一根绳子从头烧到尾需用时60分钟,现在有若干条这样材质相同的绳子,请问如何用燃烧绳子的方法计时1小时15分钟呢?

___

___

10.厨师长的烦恼

懵圈的女厨师长

一家酒店接待了一个旅行团,这个旅行团的客人对饭菜很挑剔,这可愁坏了女厨师长。旅行团一共有51位客人,他们只吃蔬菜。女厨师长提供的食谱包括三种蔬菜:土豆、西红柿、西蓝花。

接下来旅行团的要求让这位女厨师长有点懵:

只要土豆与西红柿的客人比只要土豆的客人多两位。

只要土豆的客人是只要西蓝花的客人的两倍。

25位客人不要西蓝花,18位客人不要西红柿,13位客人不要土豆。

6位客人只要土豆与西蓝花,不要西红柿。

问题：

（1）三种蔬菜都要的客人一共有多少位？

（2）要其中两种蔬菜的客人一共有多少位？

（3）只要西蓝花的客人有多少位？

（4）只要西红柿的客人有多少位？

（5）只要土豆的客人有多少位？

【思路随想】

网友A：难为这位女厨师长了，人家只是来烧菜的，不是来烧脑的。有没有能够想出答案的烧脑英雄？大胆写出来吧！

_____

_____

11. 女演员多大了？

女演员到底多大了？

4个高中生在商业街逛街，突然看到商场前面围了很多人，于是走过去凑热闹。原来是一位小有名气的演员正在唱歌。终于见到真人了，感觉和电视上不一样。于是，4个人纷纷小声议论起来，猜测着这位女演员的年龄。

甲同学认为，女演员不会超过25岁。

乙同学认为，女演员不会超过30岁。

丙同学认为，女演员绝对超过35岁了。

丁同学认为，女演员的年龄在40岁以下。

这四位同学的分析，只有一个是正确的。由此可知下列选项中正确的是（　　）。

A. 甲说的对

B. 女演员的年龄在40岁以上

C. 女演员的年龄在35岁到40岁之间

D. 丁说的对

12. 数学逻辑

61　　　18
100

有两个数字，一个是61，另一个是18，每个数字只能用一次，可以添加任何数学符号，请问如何求得100。

13. 谁先试车

新车试驾

甲、乙、丙3个人看上了同一款新车，都跃跃欲试地想试车。为了确定谁先开，他们决定采用抛硬币的方式。

3个人一起制定了游戏规则：

将两个1元硬币同时向上抛出，如果两个硬币都是正面朝上的话，那么甲先试车；如果两个硬币都是反面朝上，则乙先试车；如果一正一反，那就由丙先试车。

假设丙是第一个，确定了第一个人以后，再将一个硬币向上抛出，落地后，如果正面朝上，甲第二个，乙第三个；如果反面朝上，乙第二个，甲第三个。

那么问题来了，这种方法是否合理？各人位列第一、第二和第三的机会是否均等？为什么？

14. 惩戒

在古罗马时代有一种残忍的惩戒方式，被称为"decimate"，翻译为"每十人杀一人"。意思就是，让那些受处罚的士兵站成一排，每十个人中就会有一个人被杀。

时光倒回到古罗马时代，假设你是一名受罚的士兵，与其他999名士兵组成了一个圆圈，按照"每十人杀一人"的方式接受处罚，直到最后只剩下一个人为止。

现在你只有一次机会选择自己的位置，为了活下来你知道该站在第几位吗？

15.房屋的高度

房子的高度

张明和王勇想用绳子测量房屋的高度,张明站在屋顶,把一根长绳折了4折后垂下,下端触到地面,上端超出房檐50厘米;折5折后垂到地面上,上端离房檐还差16厘米。这样一来,他计算出了房屋的高度。你知道他是怎么算的吗?

16.袜子在哪里?

圣诞节到了,辛迪、温妮、杰西卡3个孩子若有所思地盯着眼前的箱子,因为妈妈告诉他们箱子里面装着圣诞礼物。

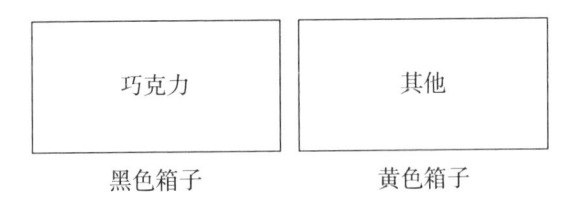

巧克力	其他
黑色箱子	黄色箱子

辛迪说:"巧克力在黑色的箱子里,其他的礼物都放在黄色的箱子里。"

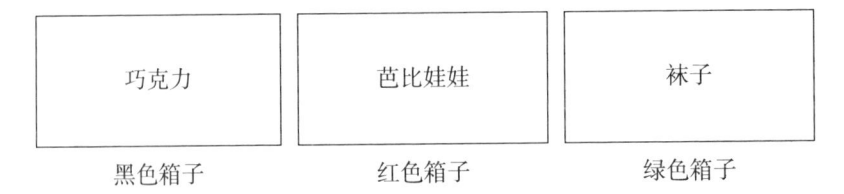

巧克力	芭比娃娃	袜子
黑色箱子	红色箱子	绿色箱子

温妮说："芭比娃娃在红色箱子里，袜子在绿色箱子里，巧克力在黑色箱子里。"

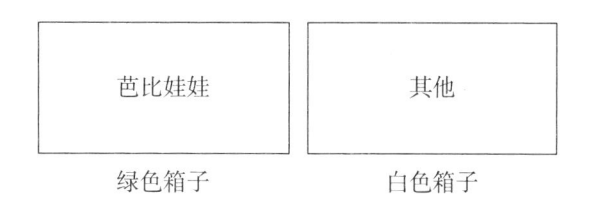

芭比娃娃	其他
绿色箱子	白色箱子

杰西卡说："芭比娃娃应该在绿色箱子里，其他的礼物都在白色箱子里。"

几个人琢磨一番之后，决定打开箱子，结果黑色和绿色箱子都是空的，但是每个人都分别说对了一种互不相同的礼物的位置。

那么，袜子在哪个箱子里呢？

17.巧移木棍1

$$3+1=57$$

上面是由木棍组成的等式，要求移动一根木棍，让等式成立。

18.巧移木棍2

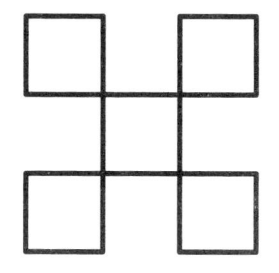

如图所示，如果让你只移动其中3根木棍，将正方形的数量增加2个，你能办到吗？

19.巧移木棍3

你能通过移动上图中的3根木棍，将其变成4个相等的三角形吗？

20.巧移木棍4

如图所示，一共有6根长度相等的木棍，要求制作一个由4个等边三角形组成的图形。

21.找规律填数字

3	1	7
4		8
6	0	2

A

	0	
8		4
	1	

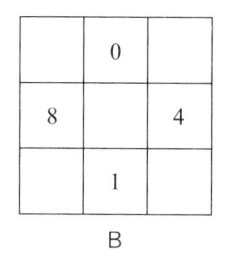

B

观察上面这两个方框中数字的规律，将方框B中的数字补充完整。

22.单词游戏

这是通过改变单词来进行的思维训练，观察给出的两个英文单词，以最少的步骤把第一个单词变为第二个单词。要求每次只能改变一个字母。

看一个例子：

Seat→seam→team→tram

这道题每次改变一个字母，只用3步就完成了要求。接下来开始进行3组练习。

第一组：stone→think

第二组：hare→junk

第三组：breen→blank

23.数字规律

仔细研究下面一组数字，找到相应的规律，在问号处填入正确的答案。

第一组：

4467　　　　　　2948　　　　　　1392

| 7455 | 4070 | 2800 |
| 5569 | 3795 | ? |

第二组：

9946	5436	3012
7865	3548	2420
5667	3536	?

第三组：

9965	34	−1
7963	16	−5
9834	?	2

24. 合并单词

上面这张图里面隐藏着一些动物的英文名称，你能拼出来多少个？

字母可以重复使用。

25.宾客座位

Andy夫妇刚刚搬入了新家，邀请周围的邻居前来做客，分别是Brent夫妇、Cason夫妇、David夫妇。然而，其中有一对夫妇正在吵架，所以必须将他们分开。根据下面的条件，请你猜出这对夫妇是谁，并将下面的座位表填充完整。

坐在Andy夫人对面的男士，坐在Brent先生的左侧。

坐在Cason夫人左侧的女士，坐在David先生的对面。

坐在David先生右侧的女士，与坐在Andy先生左侧第二个位置的女士相对。

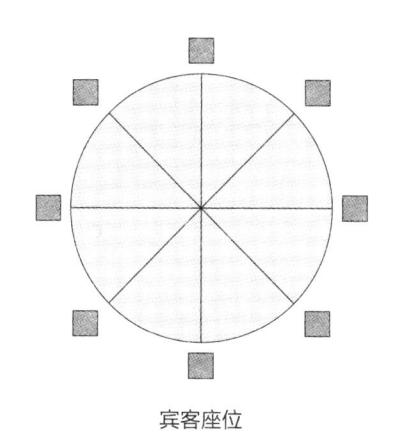

宾客座位

26.站队问题

10名同学被要求站成5排，每排必须有4个人，请问怎么站？

27. 图形规律

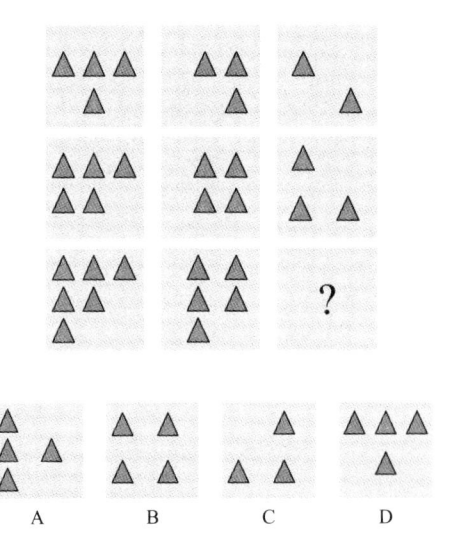

分析上面图形中的逻辑规律，选出问号处的图形。

---

28. 移动木棒

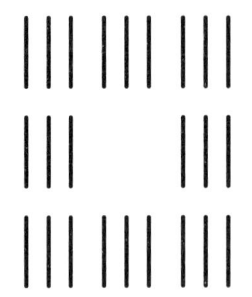

这是一个由若干木棒组成的图形，要求拿走4根木棒之后，第一行、第三行依然保持9根木棒。

29.图形逻辑

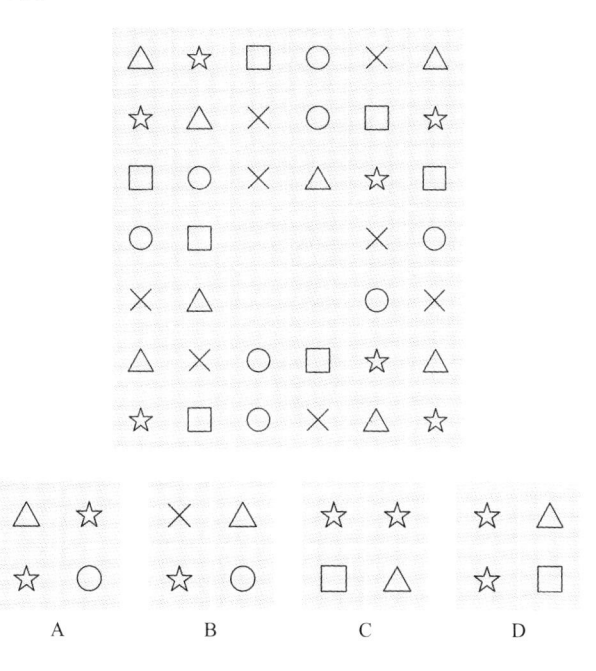

这是一道图形逻辑题,仔细分析方格中图形的排列规律,在中间空白处填入正确的图形。

第六章

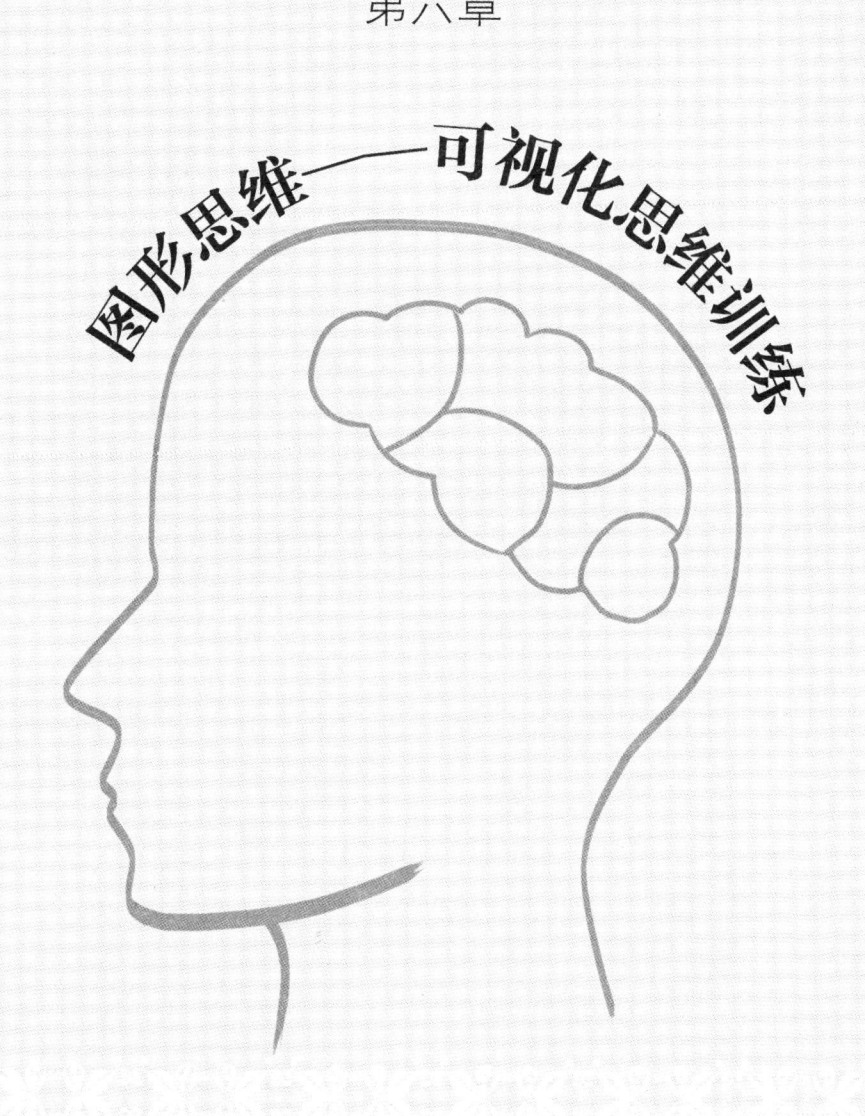

图形思维——可视化思维训练

【测试】图形理解力测试

下面一共有5道常见的图形题,简单测试一下你的图形理解力,准备好开始测试吧:

1.下图中一共有多少个三角形?(　　　)

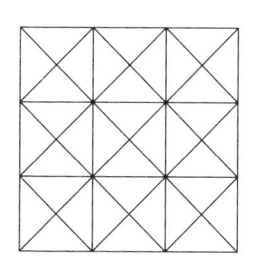

A. 36个　　　　B. 72个　　　　C. 96个　　　　D. 124个

2.下图是一个由相同的小立方块组成的几何体的俯视图,小正方形中的数字表示该位置上小立方块的个数,请问如果从正面看,这个几何体的形状是(　　　)。

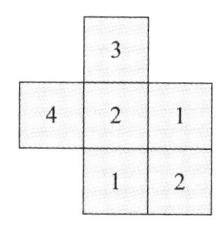

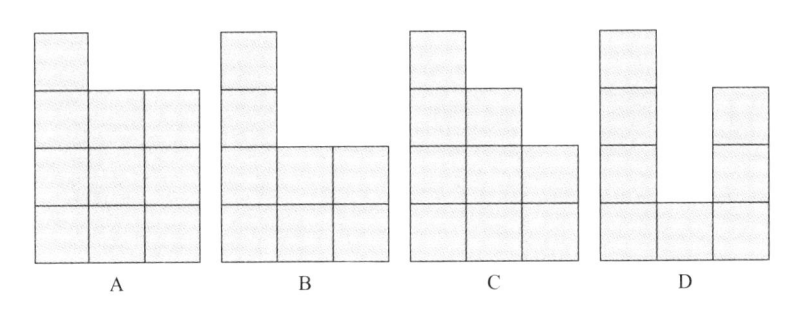

思维大爆炸
挑战超级脑力的创新思维游戏

A　　　　B　　　　C　　　　D

3. 请根据下图中三角形及箭头的规律，找出最合适的选项填入问号处。（　　）

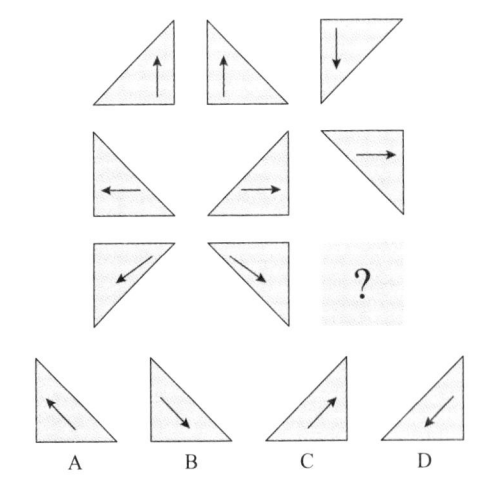

A　　B　　C　　D

4. 你能从下图中找出多少个积木块？（　　）

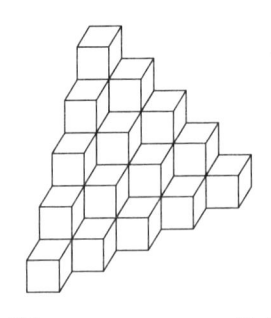

A. 15　　　　B. 20　　　　C. 30　　　　D. 35

5. 请从所给的四个选项中选出最合适的选项填入问号处。（　　）

152

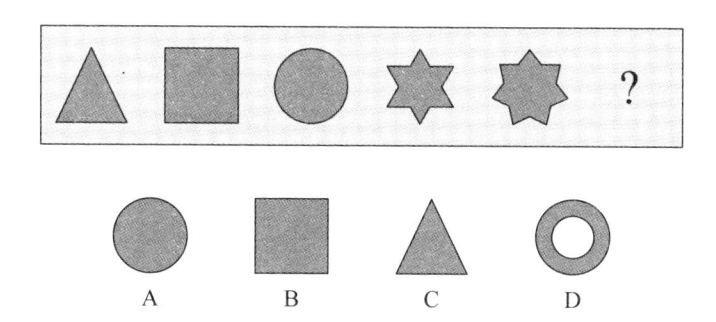

【参考答案】

1. D；2. C；3. C；4. D；5. A。

这5道题都是非常简单的图形题，如果你有一道题大意了还能解释，如果错题在两道以上，则说明你的图形推理能力比较差，需要抓紧练习了。

图形推理的核心点

1. 找规律

图形推理最关键的技巧之一就是从已知图形寻找相应规律，这类题目难度不一，简单的题目从第一组图形中就能找到规律，复杂的题目需要结合两组或者更多图形进行分析。解决这类图形规律问题时，不要着急，有难度的题目并不是一眼就能看出规律的，只要耐心分析细节，仔细观察，一般都可以找出图形中的规律。

看一个例子：

这是一道很简单的图形规律题，你能在短时间内找出问号处的答案吗？

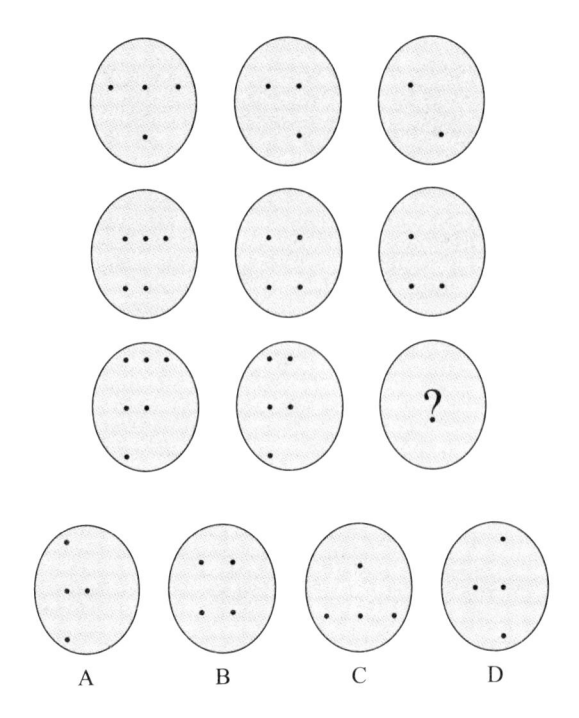

这道题的答案是A。解题思路：先观察选项。四个选项中的圆点个数均为4，所以本题考察的并非每个图形中的圆点总数。将每行图形视为一组，第一组图形中有两排圆点，第一排圆点个数分别为3、2、1，第二排均为1；第二组图形中有两排圆点，第一排圆点个数分别为3、2、1，第二排均为2；第三组图形中有三排圆点，第一排圆点个数为3、2，第二排均为2，第三排均为1。由此可见，三组图形中的圆点只有第一排的个数是变化的而且是从右往左依次消除，其他排的圆点个数不变。所以问号处的三排圆点个数应为1、2、1。由此得出答案为A。

2.观察力

图形推理的第二个重要技巧就是观察力，能够注意到图形细节方面的变化，如图形的方向变化、笔画的增减、大小的变化、位置的改变、构成要素的增减、图形顺序，等等。

3.打破思维定式

对于一些难度较大的题型，需要发挥创新思维，突破思维定式，这样才能找到有效的解题途径。

图形推理的 4 大核心能力

1.观察力

看到一个图形之后，首先要从以下七个方面进行分析：

第一，开放图形还是封闭图形。

第二，直线图形还是曲线图形。

第三，对称图形还是非对称图形。

第四，交点数。

第五，线条数。

第六，封闭区域数。

第七，图形种类数和部分数。

2.辨识力

从以下三个方面分辨图形的异同点：

第一，图形外部整体特征。

第二，图形内部构成特征。

第三，图形中元素的位置关系。

3.推理能力

第一，由全部图形的共同特征推出未知图形也具备这些特点。

第二，由全部图形的连续性规律，推出未知图形也应具有的特征。

4.空间想象力

第一，通过立体图形的平面展开图，联想到其中某些面的位置关系。

第二，根据立体图形，联想到平面展开图中某些面的位置关系。

第三，由立体图判断与其对应的三视图。

图形推理的分析方法

1.特征分析法

特征分析法包括特征图形分析与特征元素分析，需要注意的是，并非所有题干都存在特征图形，因此在使用时应该注意与其他方法相结合，如排除法。

2.求同分析法

求同分析法包括图形的特征属性求同、图形的构成元素求同，求同分析法多用于解决九宫格图形推理，常见形式有三种：每行求同法、每列求同法、整体图形求同法。

3.对比分析法

对比分析法包括对比寻找细微差异与对比寻找转化方式两种。

4.位置分析法

位置分析法包括分析组合图形中小图形的相对位置，以及分析同一图形的旋转与翻转。

图形推理的经典解题技巧

1.图形的移动——平移

图形的平移是图形推理的一种解题技巧，包括水平移动、上下移动与对角线移动等方法。

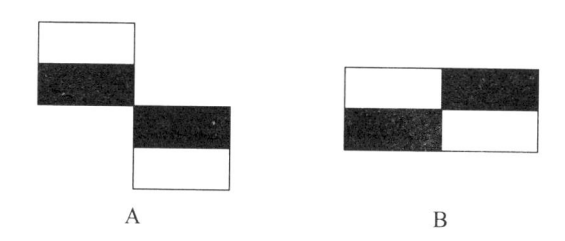

如图A，将左侧的白黑方块向下移，就变成了图B，这就是所谓的平移。

2.图形的移动——旋转

图形的旋转，指的是在平面内，将图形或图形中的某个部分围绕其中心点或者其他某一个固定点，做顺时针或逆时针的旋转。

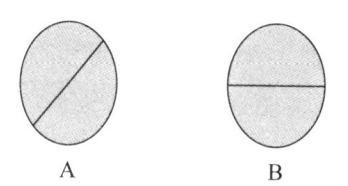

如将图A中的直线沿图A的中点顺时针旋转约45度之后，就会得到图B。解答这类题目，最基本的就是要注意图形旋转的角度变化。一般分为两种情况：图形整体旋转与图形内元素旋转，都需要仔细观察旋转的方向与角度。

3.图形的移动——翻转

图形的翻转与图形旋转的区别在于时针方向的改变，图形不论怎么旋转，我们看到的都是它的正面，而翻转之后我们看到的是它的背面。

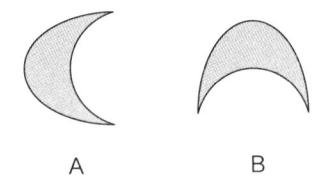

如上图，图A顺时针旋转90度得到图B，时针方向没有改变。

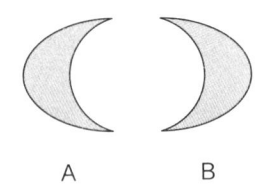

如上图，图A翻转之后得到图B，我们看到的图B是图A的背面，时针方向改变了。

4.图形的移动——叠加

所谓叠加，顾名思义，指的就是图形重叠在一起。主要包括四种形式：

（1）简单叠加

主要分为两种，一种是两个图形直接叠加在一起，另一种是一个图形遮挡另一个图形，从而形成全新的图形。

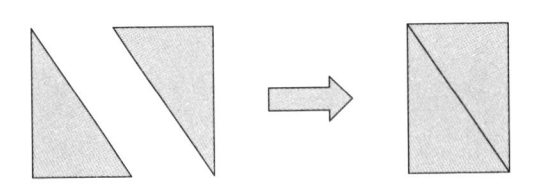

如上图，这就是两个三角形直接叠加，形成一个新的图形。

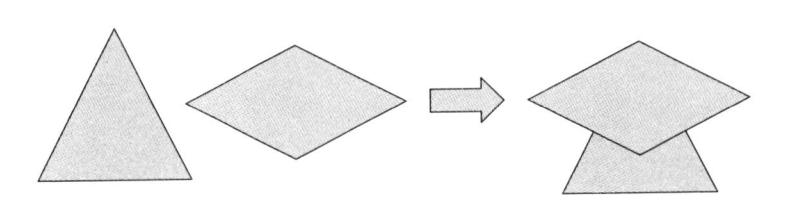

如上图，这就是一个图形遮挡另一个图形，从而形成全新的图形。

（2）规律叠加

指的是根据两个相同图形不同位置的颜色变化，得到的最终图形。

看一个例子：

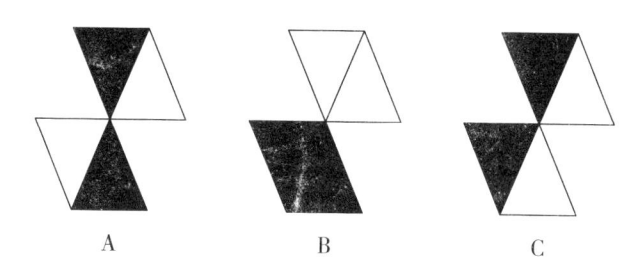

图 A、B、C 均由四个三角形构成，图 A 与图 B 叠加，得到图 C。

我们把公式列出来：

黑＋白＝黑

白＋白＝白

白＋黑＝黑

黑＋黑＝白

找到规律之后，直接套用就能很轻松地破解这类谜题。

（3）去同存异

所谓去同存异，就是去掉图形中相同的部分，保留不同的部分并叠加在一起。

看一个例子：

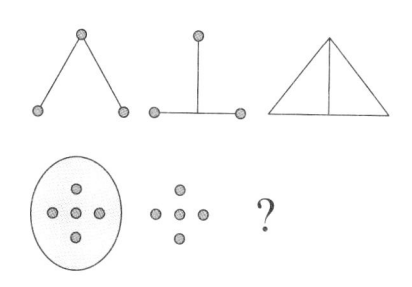

思维大爆炸
挑战超级脑力的创新思维游戏

第一行中前两个图形都有3个圆点，去掉之后合并图形，就得到了第三个图形。第二行中前两个图形都有5个圆点，答案很明显，去同存异，去掉5个圆点之后，答案就是：

（4）去异存同

指的是保留相同的部分，去掉不同的部分。

看一个例子：

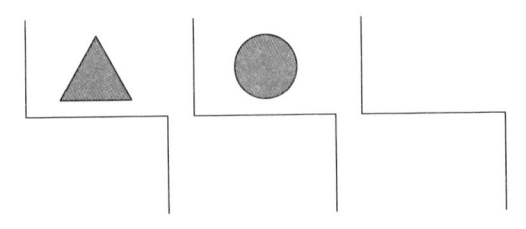

将左边两个图形去掉了不同的部分——三角形与圆形，然后叠加在一起，得到了最右边的图形。

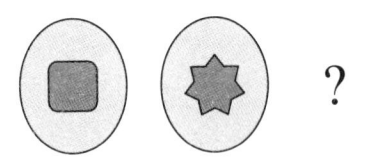

根据前一个例子，举一反三，左边两个图形去异存同之后，问号处的答案就是：

160

5.点

图形推理中的"点"指的是交点、切点、共点、端点、出头点等，通过确定点数寻找规律。

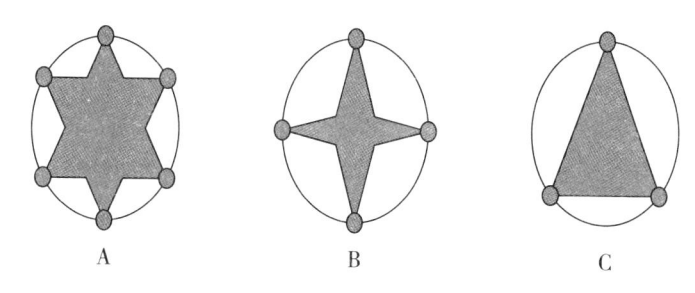

A　　　　　　　B　　　　　　　C

如图所示，图A的交点数是5个，图B是4个，图C是3个。

6.线

线包括曲线图形、直线图形与混合图形，通过观察不同线条的规律确定答案。

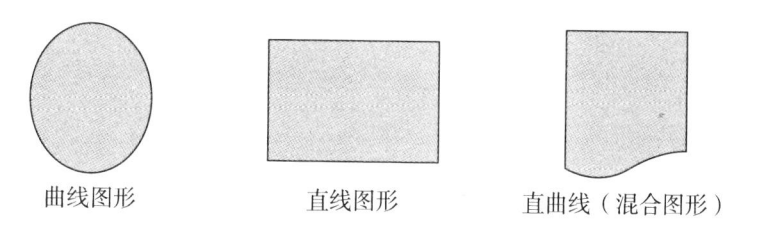

曲线图形　　　　　直线图形　　　　直曲线（混合图形）

7.角

直线与直线相交构成角，包括直角、锐角、钝角。

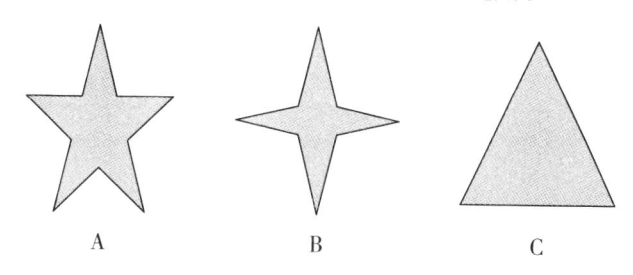

A　　　　　　　B　　　　　　　C

如图所示，图A一共有5个角，图B一共有4个角，图C一共有3个角。

8.封闭空间

遇到图形推理题，先从点、线、面、角等数量关系寻找规律，如果没有则可以考虑是否为封闭的空间。

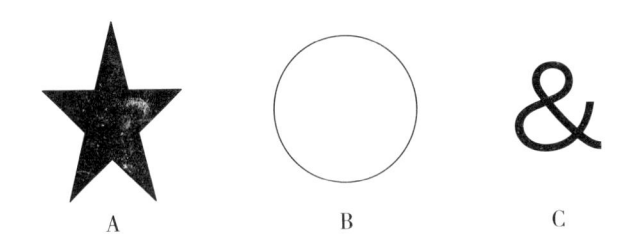

A　　B　　C

如图所示，图A的五角星是实心的，没有封闭空间；图B的圆形是空心的，有一个封闭空间；图C的符号中一共有两个封闭空间。

图形推理习题集

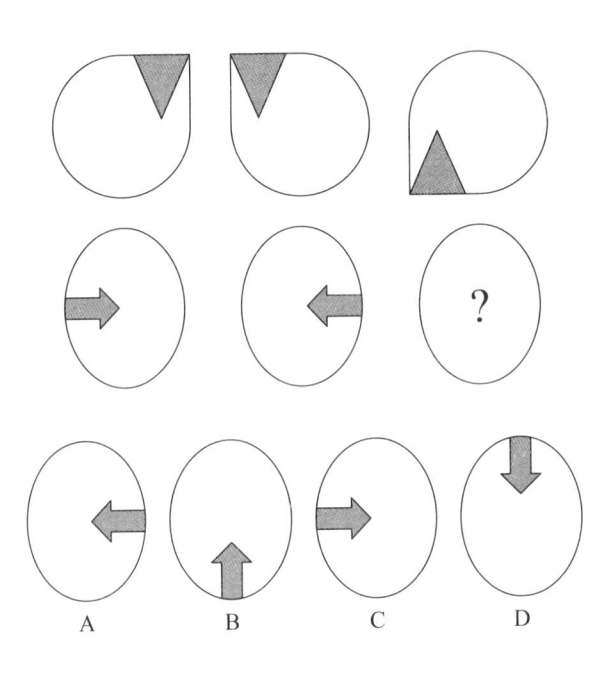

1.

A　B　C　D

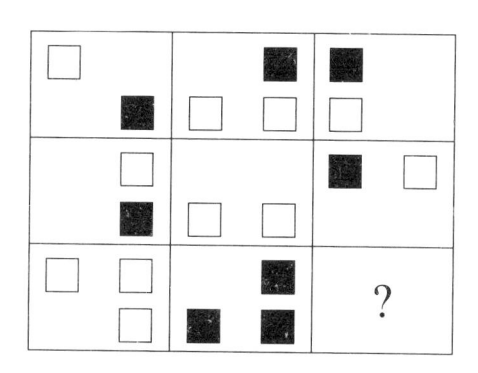

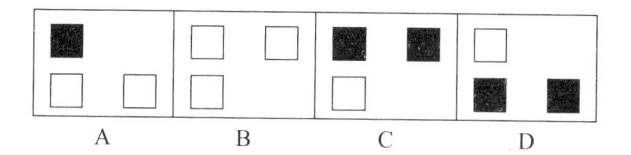

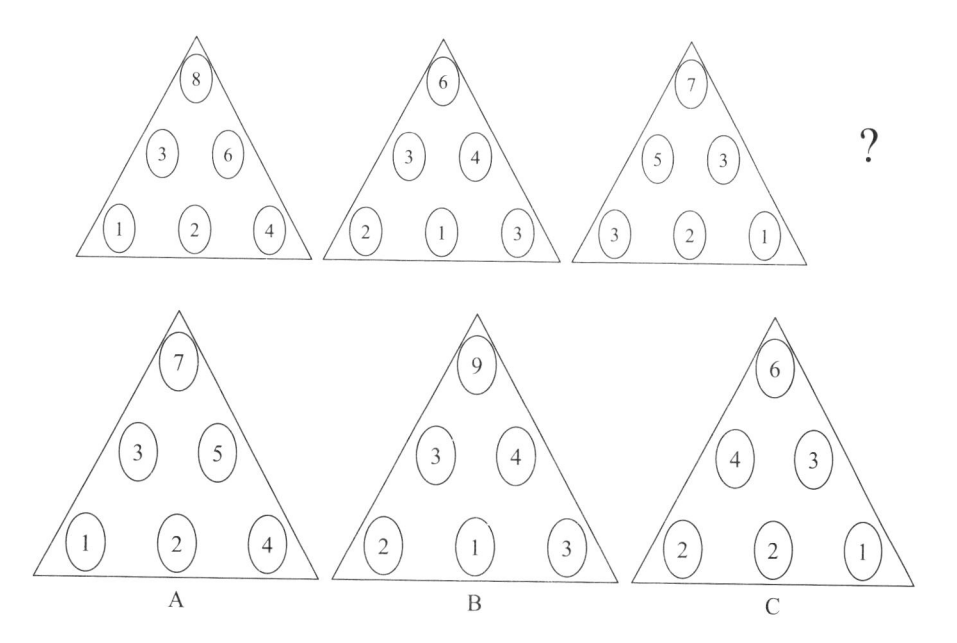

2.

3.

思维大爆炸
挑战超级脑力的创新思维游戏

4.

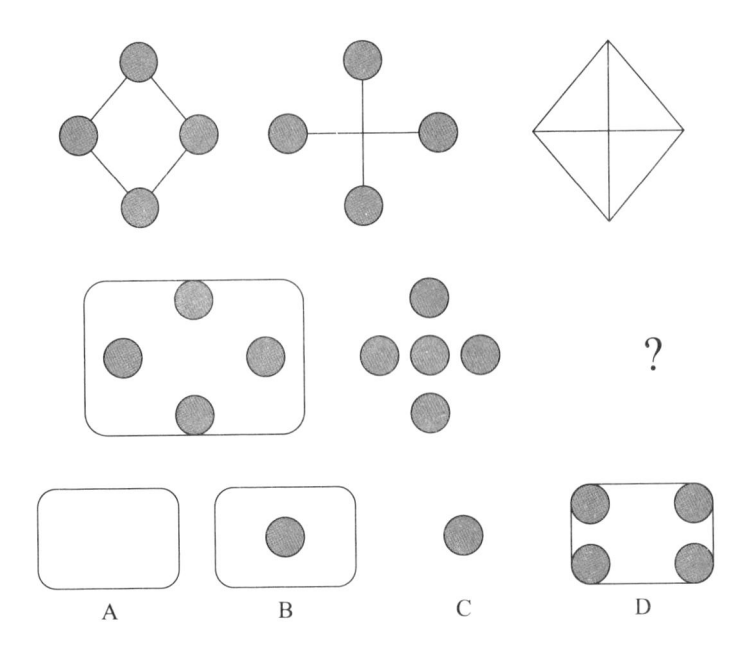

5.

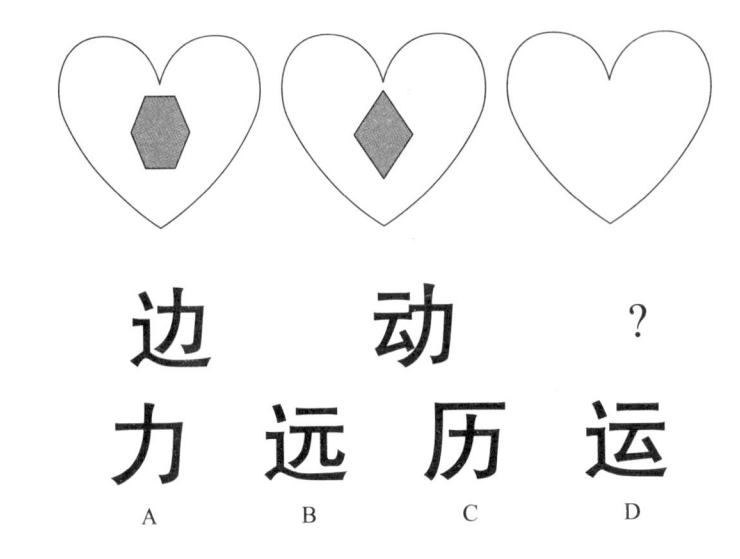

边　动　？
力　远　历　运
A　B　C　D

6.

7.

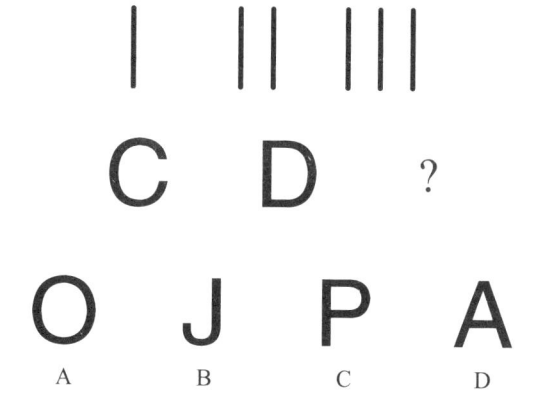

8.

W C H

165

思维大爆炸
挑战超级脑力的创新思维游戏

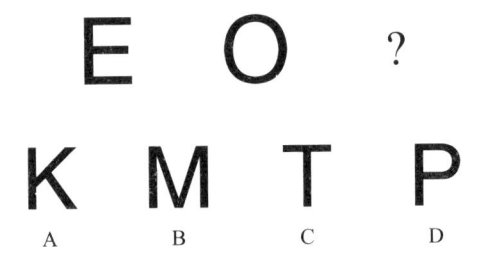

E O ?
K M T P
A B C D

9.

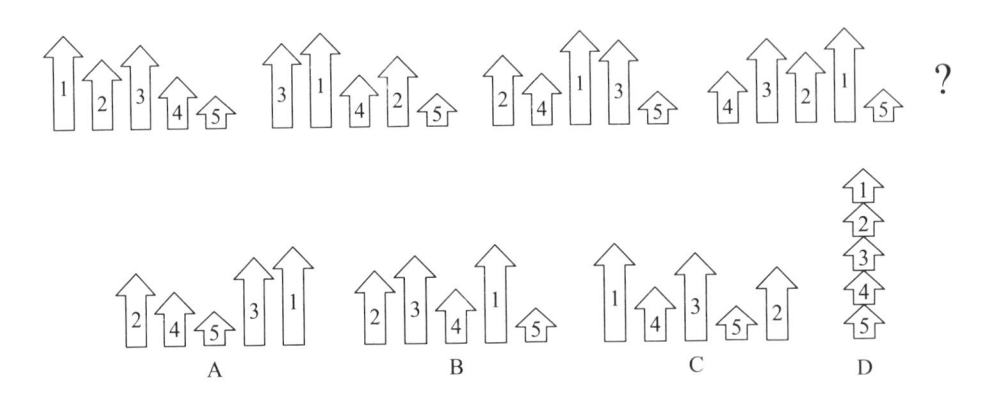

A B C D

10.

O Q S U
F I L ?
L M A O
A B C D

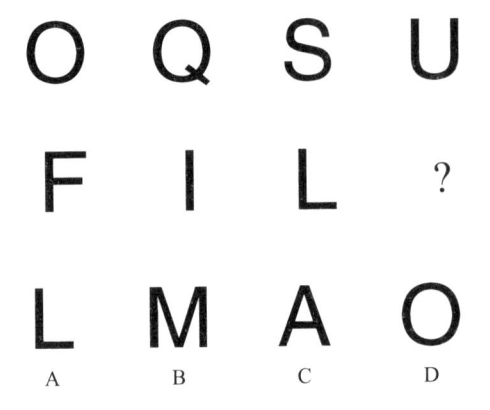

11.

这是一道图形分割游戏，请你用3条直线，将这个图形分为9个三角形。自己在纸上拿笔画一画，很有意思，聪明的你一定能找出正确答案。

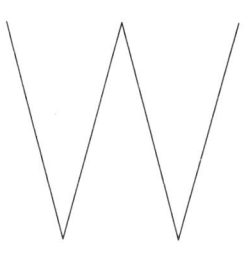

注意，以下这种算两个三角形，而不算3个。

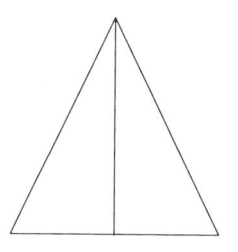

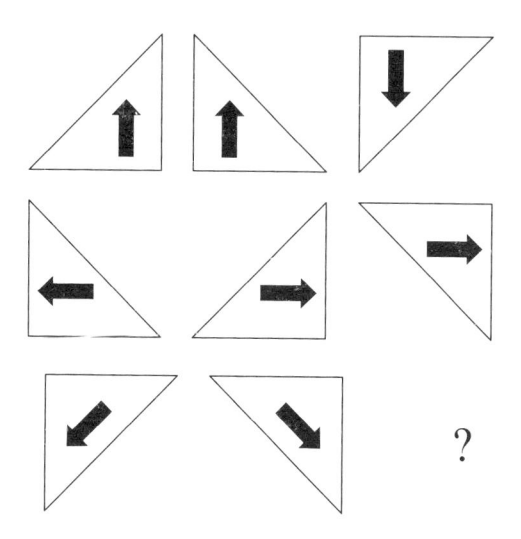

12.

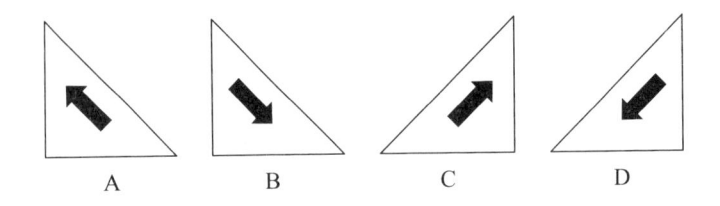

思维大爆炸
挑战超级脑力的创新思维游戏

A　　B　　C　　D

13.

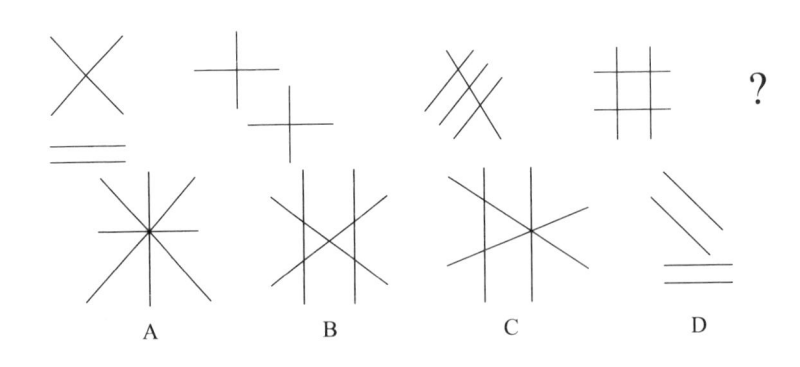

A　　B　　C　　D

14.

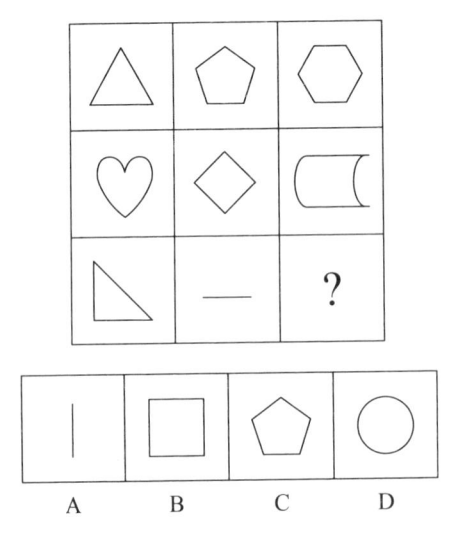

A　　B　　C　　D

15.分割三角形

下面这张图是由5个等边三角形组成的，请问你能在短时间内分割出这5个三角形吗？

16.妙分笑脸

上面的方块内零散分布着很多张笑脸，现在要求你只用6根直线，将方块分为7个部分，每个部分分别包含1、2、3、4、5、6、7个笑脸。

17.智力拼图

请将大正方形切割为4个形状相同的区域，每一个区域内必须包含3

种不同的图形。

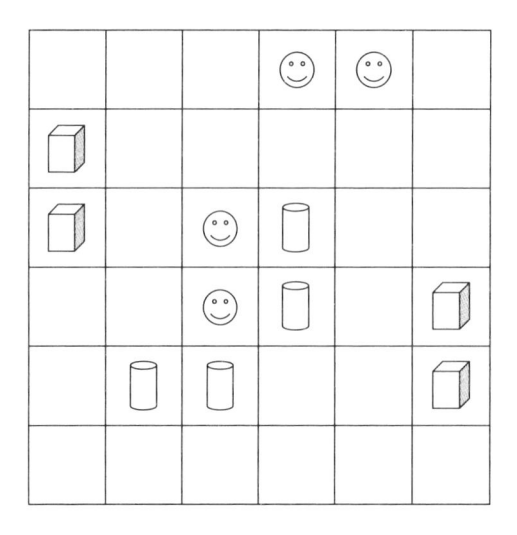

18. 拿走爱心

下图一共有16个方格，每个方格中都有一颗心，现在要求从中拿走6颗心，使每行、每列中心的个数依然是偶数，你知道怎么做吗？

19.方格填字

请将下列汉字填入方格中,使图中无论横竖都能组成一个成语。下面的字可以重复使用。

一、惊、山、发、海、触、鸣、即、马、空、天、行、人、阔

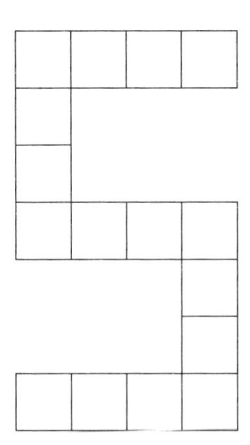

参考答案

第一章 创新思维游戏习题集参考答案

1.如果ABC→ABD，那么XYZ→？

【参考答案】

XYA。

2.如何在两枚硬币中间竖起一本书？

【参考答案】

用力按住一枚硬币，然后用第三枚硬币（注意：题目中没有说不允许）快速敲击第一枚硬币，撞击你不能接触的那枚硬币，使它沿桌面滑动。这样，两枚硬币中间就有足够的空间了，看准时机把书放上去就行了。

理论上行得通，但是实践起来并不容易，感兴趣的读者可以试一试，看看你的成功率怎么样。

3.如何让硬币掉入瓶口？

【参考答案】

如果"霸王硬上弓"的方法行不通，试试一些技巧性的方法。你想没想过在火柴棒上滴几滴水？

火柴棒是木质纤维组成的，水滴会沿着木质纤维的导管渗进去，弯曲处的纤维受潮会膨胀，火柴棒自然就会渐渐伸直。这样，硬币就会自动掉进瓶子里去了。

4.如何用铜线熄灭蜡烛？

【参考答案】

可以将铜线像蚊香一样盘起来，绕成一个内径比蜡烛直径稍小的圆锥形的密封罩子，然后直接扣住火苗，铜丝导热快，可以将火焰的温度降到燃点以下，火焰就熄灭了。

针对这个答案，要特意强调一下，一定得是冷的铜线。

如果是热的铜线圈呢？

当热的铜线圈接触火苗时，热量不易散失，火焰反而更加集中，燃烧更旺。

5.你能活下来吗？

【参考答案】

答案只是理论性的，大家不要较真。

一条150米长的绳子，用军刀分别割成50米和100米长的两段。把50米长的绳子的一端拴在楼顶的钩子上，另一端打一个小环。将100米长的绳子穿过这个环，再把它的两头系在一起形成一个绳圈。

接下来，你就可以像超级特工那样沿着绳子爬到落脚点，把100米长的绳子割断并收回来，然后把其中一端拴在钩子上，沿着绳子爬到地面了。

6.如何用一根线提起一杯水？

【参考答案】

如果你读到这道题的时候，刚好是冬天，也许你会更容易想到答案。你可以将线的一端放到水杯里，另一端放到水杯外面，然后将水杯放到零度以下的地方冻起来。结冰之后，你就可以轻松地用一根线提起水杯了。

7.巧取乒乓球

【参考答案】

这个答案也许让大家失望了，并没有太高明的招数，直接吹气就行了，利用空气的流动性把乒乓球吹出来。

来看看其中的原理：空气作为一种流体，空气的压强大小和流动速度相关，流速越快压强越小。所以，当我们使劲向乒乓球吹气时，球上方的压强变小，乒乓球就会跳出来。

8. 看图识字

【参考答案】

看起来简单，但是想找出足够多的汉字，也没那么容易，答案并不唯一，以下答案仅供参考：

一、二、三、十、田、上、土、干、王、米、日、旧、困、木、山、区、凶、出。

9. 你能用几根筷子拼出一个"田"字？

【参考答案】

4根筷子就够了！

4根？怎么摆出一个"田"字？

没想明白的人都是不善于进行思维切换的，这时你需要从专注思维切换到发散思维，看看下面这张图，是不是4根筷子？是不是同样规格？是不是一个"田"字？！

有读者表示抗议，这不是脑筋急转弯吗？的确。如果你可以打破惯性思维，跳出横横竖竖摆弄筷子的思维模式，就会发现大部分筷子的一头都是正方形的，那么4根拼凑在一起不就是一个"田"字吗？

如果现在给你出一道题：最少能用几根筷子拼出一个"口"字？

你知道答案了吧！

10. 空间阻断

【参考答案】

这里给出两种方法，第一种方法如下图：

画线部分是一个正方形，阴影部分也是一个正方形，正好分割开九个足球。

第二种方法如下图：

11. 排除"异己"

【参考答案】

C。

可能我长得有点丑，但是也不至于吓到你吧？

手枪、《人皮客栈》、痛苦,这三个词对大多数人来说都有一个共同点,就是会引起不愉快的感受,而大猩猩这个词乍看起来有点吓人,但实际上并不会让大部分人产生不愉快的感受。

12. 词语搭配

【参考答案】

蛋炒饭—钵:钵是什么?钵泛指僧人吃饭的容器。蛋炒饭是食物,钵是盛食物的容器。

足球—林书豪:这两个词配对更好理解,都和体育沾边,反正比林书豪吃蛋炒饭更合理。

埃菲尔铁塔—大兴机场:这两个都是建筑物。

奥黛丽·赫本—京剧:一个是著名影星,一个是中国的国粹,两个词有什么共同点呢?都与艺术有关!

13. 编故事

【参考答案】

这类题目没有固定答案,随机选择四个词,然后充分发挥想象力,限定字数。通过这样的练习,可以提高个人的创意。

14. 死因分析

【参考答案】

这里给出一个比较合理且有意思的答案,仅供参考:一对夫妻乘坐热气球旅行,结果途中燃料不足,必须减轻重量。夫妻两人扔掉了所有能扔的东西,包括身上的衣服,但还是无法解决问题。最终,为了挽救妻子的性命,丈夫选择跳出热气球,摔死在沙漠上。

15. 打破思维定式

【参考答案】

网友B的答案完全没问题,不过这道题考察的是思维定式,你有没有想过:玛丽杯子里的咖啡实际上只是咖啡粉,还没有冲调,固体咖啡当然不会弄湿任何东西!

受困于思维定式,大多数人都想到的是液体咖啡,很少有人会往固体咖啡这块想,题目索性强调了打破思维定式,聪明的读者应该会意识到这一点,从而给出正确答案。

第二章 发散思维游戏习题集参考答案

1.如何扩大饮料的销量?

【参考答案】

大家有没有想过通过改变饮料瓶的外形设计增加销量呢?你有没有发现现在很多饮料瓶的瓶口变大了?大口喝饮料,加快了人们喝完一瓶饮料的速度,这样许多人就会再买第二瓶,从而增加饮料的销售。

2.倒霉的鞋店老板,谁能帮他一把?

【参考答案】

首先,我们应该把思考的重点放在三家店铺陈列的鞋子上。根据题意,老板每次只拿出一只鞋放在外面,可是为什么他家丢鞋的数量是其他两家丢鞋的数量之和呢?

试想一下,假设老板每次陈列在店铺外面的都是左脚的鞋,小偷偷了这只鞋之后会怎么办呢?

去偷右脚的鞋凑成一双呗!

没错,去哪里偷右脚的鞋呢?不可能从同一家店下手了,因为右脚的鞋放在店里,而店里面有防盗警报器。

所以,小偷只能从其他两家店铺下手。题目说这家店丢鞋的数量是其他两家店丢鞋的数量之和,也就是说,另外两家店摆放在店外的都是同一只脚的鞋,而这家店放的正好是与另外两家店相反的那只脚的鞋,所以小偷从另外两家店偷了鞋之后只能来这家配成一双了,这家店丢鞋的数量自然就是另外两家店丢鞋的数量之和。

如何改变这种情况呢？

这家店铺老板只需要把店外陈列的鞋子改成与其他两家鞋店同一只脚的就可以了，这样丢鞋的数量就会大幅度下降。当然，要杜绝丢鞋的现象，还需要采用其他措施。

3.电梯问题

【参考答案】

顾问给出的方案都具有可行性，不过波诺先生说了，如果你选了方案一、方案二、方案三说明你用的是"纵向思维"，也就是传统思维。而我们这道题考验的是发散思维，也就是方案四采用的思维方式，选择这个选项，说明你在思考问题时跳出了思维定式。

"员工会忙着在镜子前审视自己，或是偷偷观察别人，"博诺先生解释说，"当人们的注意力不再集中于等待电梯上时，焦急的心情会得到放松。问题并不是大楼缺电梯，而是人们缺乏耐心。"

4.为什么不让座？

【参考答案】

问法一答案：因为刚好有人要下车。

问法二答案：因为小米也没有座位。

问法三答案：因为小米也是一位老人，谁也没有规定叫小米的都得是年轻人吧？

问法四答案：和上面的答案类似，小米可以是孩子、孕妇或是残疾人，那么她都可以不让座。

问法五答案：小米是公交车司机。

问法六答案：最后一个答案让人心寒，小米就是自私的你、我、他。

5. 这些人是要自杀吗？

【参考答案】

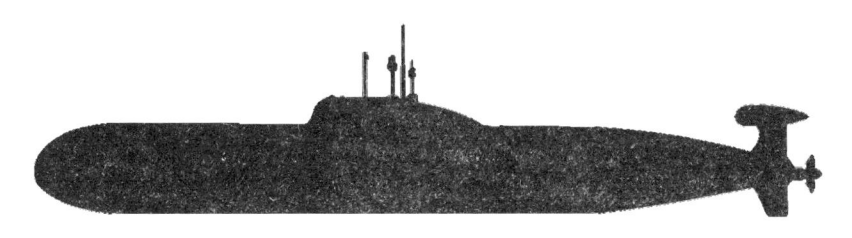

潜水艇

他们乘坐的正在下沉的船是潜水艇！

没想到吧，这一章考验的是发散思维，所以一切皆有可能。仔细看题目，都是诱导性内容，这也为题目增加了难度。

6. 你能找出多少个相同的字？

【参考答案】

这段话里面一共有6个"区"字，第一次你用了多长时间？

难度+1："的"字有1个，"令"字有2个。难度+2：拼音为"yi"的字有2个。一、忆。

7. 鬼魂酒店

【第一题参考答案】

只有想到了第一个问题的答案，才能继续回答第二个问题。我们继续看故事：

酒店管理方突发奇想，认为如果将鬼魂作为卖点，肯定会吸引一部分追求刺激的年轻人。

这就是第一个问题的答案，满足一部分客人的猎奇心理，将闹鬼作为酒店的卖点。

然而，投资人认为，将酒店定位为鬼屋虽然会吸引一部分客人，但是入住率并不能让自己满意，他需要同时抓住普通客人与有猎奇心理的客人。

于是，管理方开始了调查。他们发现，每年的第一季度，3号房间每隔两晚就会有客人投诉看到鬼魂；第二季度，4号房间每隔三个晚上就会有客人投诉有鬼魂出没；第三季度，9号房间每隔四个晚上就会有客人投诉闹鬼。

此时，已经过去三个季度了，投资人再也无法忍受惨淡的入住率，于是给酒店管理方施加压力。

问题来了：为了正常营业，酒店管理方需要计算出最后一个季度哪个房间会闹鬼，以及闹鬼的频率，这样才能同时满足不同类型客人的需求。

根据上述信息，你能计算出答案吗？第二个问题考验的则是逻辑思维能力。

【第二题参考答案】

将前一个季度闹鬼的房间的号码乘以前一季度两次闹鬼之间的天数，再减去两次闹鬼之间的天数，得到的数字就是要找的房间号。

每个季度两次闹鬼之间的天数，都比前一季度增加一天。

9号房间×4晚－4天=32

也就是说，第四季度闹鬼的房间号确定了，32号房！而根据此前的规律，第四季度每隔五个晚上就会出现一次鬼魂。

酒店方可以根据这个规律接待不同需求的客人了，同时也可以给投资人一个交代了。

8. 倒霉的杰弗森

【参考答案】

报纸上的新闻与互联网上的新闻最大的不同点之一是什么？时效性！

如果你能想到这一点，应该很快会想出最合理的答案。报纸上刊登的消息都是前一天的，护士给他的是手术当天的报纸，也就是说，他下注的马确实赢了，只不过它是前一天比赛的冠军。

杰弗森如果想知道手术当天的赛马结果，应该看手术之后第二天的报纸。

9.继承王位

【参考答案】

聪明的是公主，没有继承权

之所以没有选聪明的那个孩子继承王位，因为她是公主，而较笨的那个才是王子。

10.恐怖袭击

【参考答案】

化工厂

181

化工厂东侧压根就没人住！

这道题和上一道题一样，当你拼命发散思维琢磨各种答案时，你是否考虑到让大脑极速转个弯？题干将描述的重点放在工厂西侧，目的就是为之后的思维大转弯做铺垫。

这道题最后已经给出了提示，对聪明人来说应该并不难，如果你在看完提示之后依然毫无头绪，就需要继续加强练习了。

11. 生死独木桥

【参考答案】

当两位枪手意识到两败俱伤的结局之后，认为没必要拼个你死我活，于是选择在不同时间通过独木桥，这样就不会相遇，也不会发生枪战了。而且，双方都实现了自己的目的，来到对方的地盘发展业务。

12. 狂热的球迷

【参考答案】

张天第一次涂抹的是不会溶解的蓝色颜料，第二次涂抹的是可溶解的黄色颜料，两者结合变成了绿色。结果一场暴雨之后，张天脸上的黄色颜料被水溶解了，而不溶于水的蓝色颜料则留在了脸上。

13. 意外

【参考答案】

题干已经提示了，需要具备一定的化学知识。这个液体池盛满了水银，工作人员之所以让他烧掉衣服，是因为水银遇到高温会蒸发。由于水银有毒，所以他必须及时去医院处理。那么，为什么这个人浑身都是干的呢？原来，水银的密度与表面张力很大，掉在皮肤上的水银会很快滑落。

14. 特殊待遇

【参考答案】

杰瑞是老师！

老师当然不用写作业，他是布置作业的人

你们有没有考虑过杰瑞的身份呢？题干中没有说明他是一个学生吧？"唯独杰瑞从没有在考试中取得过好成绩"，杰瑞是老师，不用和学生一起参加考试。

杰瑞是老师，自然不用做家庭作业；每周去校长办公室好几次，是因为需要交流工作。这些都属于诱导因素，你需要发散思维，才能想到答案。

15. 消失的"怪老头"

【参考答案】

"怪老头"是雪人

当看到提示写道"脑筋急转弯"几个字时，就不能再按照常规思路分析了，你需要大胆想象，发散性思考。

根据前面的经验，题干很可能是误导性质的，但题干中给"怪老头"

加了引号，说明他不是真正的人，而是人们堆的雪人。

虽然说解这道题需要脑洞大开，但是如果具备极强的逻辑思维能力，以及一定的地理知识，还是很容易分析出答案的。

俄罗斯的雅库茨克是世界上最冷的地区之一，全年的平均气温在零度以下，而题干说小女孩一家是十月搬过来的，之后半年的时间里，"怪老头"从没有缺席过，那是因为从十月一直到次年四月，雅库茨克的温度都在零度以下，直到五月才升到零度以上。

"怪老头"之所以在这时消失了，是因为温度升高融化了。

16. 为什么不报警？

【参考答案】

女警官之所以袖手旁观，是因为撬锁的人是她的丈夫，而他撬的是自己家的房门。因为当天两个人出去吃饭，结果都忘记带钥匙了，情急之下只能撬锁。没撬开，丈夫才想到破窗的方法。

17. 疯狂之举

【参考答案】

最符合逻辑的答案应该是，这位女士当时心脏病发作，而这个男人正好懂得急救常识，所以跑下去对这位女士进行抢救。

对于心脏病病人的抢救，时间是十分关键的，这也是那个男人飞速跑过去的原因。那个男人并不是在打人，而是在通过胸外按压对女士进行抢救。

18. 被吓哭的孩子

【参考答案】

答案总是出人意料的，而这道题的答案并不难猜，父母之所以选择不报警，是因为孩子在看电影。

19. 奇怪的客人

【参考答案】

最简单的答案就是这位先生身着军服，上面有军衔，所以服务生一眼就看出来了。

20. 太阳会出来吗？这是一个问题

【参考答案】

太阳不可能出来。

这道题只要弄明白12am的意思就行了，是指午夜12点，72小时就是3天以后，依旧是午夜时分，所以不可能出太阳的。

21. 扔网球

【参考答案】

方法一：往上扔，让球掉在地上弹回来。

方法二：让对面的人用球拍打回来。

方法三：球扔出去后让小狗叼回来。

答案远远不止于此，发挥你们的神奇想象力吧，看看谁能写出尽可能多的答案。

22. 女孩的座位

【参考答案】

因为那个女孩刚才坐在你的腿上！

第三章 逆向思维游戏习题集参考答案

1. 猜赢了的哭

【参考答案】

略。

2. 抽烟的问题

【参考答案】

第二个信徒利用了逆向思维的方法，他是这样问的："神父，抽烟的时候能不能祈祷呢？"神父告诉他："当然可以，任何时候都是可以祈祷的。"

祈祷时抽烟，意味着对耶稣的不尊重；而抽烟时祈祷，则说明无时无刻不在想着神的恩典，神父当然也就没有反对的理由了。

3．哈里斯的答案

【参考答案】

（1）一个星期中有哪几天是以字母T开头的？

标准答案很简单，把周一到周日的英文列出来，一眼就可以看到答案：Tuesday（周二）、Thursday（周四）。

但这并不是老师期待的答案，让我们来看看哈里斯是怎么回答的：

Today（今天）、Tomorrow（明天）。

老师大吃一惊，很显然，他被这个答案镇住了。这个答案并没有错误，从另一个角度来看，确实只有今天和明天！

老师意识到，这小子的确有两下子，于是想听听他关于第二题的答案。

（2）一年有多少秒（seconds）？

"老师，这道题的确难倒我了，我想了挺长时间的，最后发现答案其实很简单，就是12。"

"啊！什么？你有没有搞错，一年只有12秒？胡说什么呢？"

"没错啊！您看，它们依次是1月2日（January Second）、2月2日（February Second）、3月2日（March Second）……"

的确如此，Second在英语中既代表秒，也代表第二，和每个月的2日。按这个思路，一年有几个月，每个月有1个2日，也就是一共12个second。

到这里，老师有些服气了，眼前这个家伙的思维方式确实有别于普通人，于是继续听他给出第三道题的答案。这是一道常识题，看看他能给出什么不一样的说法。

（3）上帝的名字是什么？

"安迪（Andy）！"哈里斯认真地回答。

这次，老师并没有太大反应，不像前两次听到答案时差点惊掉下巴了。老师平心静气地问："这次你又是根据什么得出结论的呢？"

哈里斯回答说："我经常听教堂里的人高声唱道：'安迪与我谈话，安迪陪我散步。'（Andy walks with me, Andy talks with me.）"

这一次老师彻底服气了，她认为哈里斯的逆向思维水平的确高人一等。

4. 理财顾问

【参考答案】

富商选择了B！

很多人不明白，按照B的方法，只有10%的概率完成目标任务，而A完成目标的概率比他高出了40%。也就是说，选择B，无法完成目标的概率要大得多。

的确如此，但是这道题强调的是逆向思维的重要性，我们不用考虑是否符合逻辑。这位富商想，如果我按照B的方法反向操作，那么完成率就会比A更高。

5. 如何让女士摘掉帽子

【参考答案】

影院管理方每次在电影播放之前，都会播放一则通告："本影院为了照顾年老且体弱多病的女士，允许她们照常戴帽子，在放映电影时不必摘下。"通告一出，所有女观众都摘下了帽子。

影院管理方用到的就是逆向思维的方法。爱美是女人的天性，这条通告一出，如果还戴着帽子，岂不是表明自己年老色衰了吗？于是，女观众纷纷把帽子摘了下来。

6. 聪明的富商

【参考答案】

原来，这个富商走进银行，表示自己想借钱。银行经理很激动，就问他想借多少？

富商回答说："1000美元，可以吗？"

在当时，1000美元对普通老百姓来说并非小数目，但是对富商来说，简直就是九牛一毛，所以经理疑惑不已。

但他随即表示："当然可以啊，别说是1000美元了，您想借几十万美元都可以！"

富商回答："我最近手头有点紧，有一个项目，急需现金，之前跟朋友借了一笔，现在还差1000美元。"

经理回复说："没问题，1000美元不用预约，今天就可以给您，不过您也知道银行的规矩，需要担保。"

"我手头有一批珠宝，可以用作担保吗？"

"当然可以！"

就这样，富商将价值几十万美元的珠宝存到了银行，同时他只需要支付1000美元的贷款利息就行了。

7. 傻哥儿俩

【参考答案】

牧童远比兄弟俩聪明多了，当他听完规则之后，说道："傻子，你爸的意思是谁的马后到家谁赢，不是人！"

这时，兄弟俩才反应过来，赶紧往家跑。

8. 无人问津的作品

【参考答案】

"本人是一位年轻有为的百万富翁，喜欢写作，我在小说中描绘了一位理想中的伴侣，希望在现实生活中也能找到一位这样的女性相伴一生。"

9. 图形推理1

【参考答案】

A。

这是一道典型的图形推理题，如果我们通过已知的图形寻找规律的话，很容易发现一些常见的规律，如对称性、线条数、封闭数都不符合，这时就需要利用逆向思维，从答案寻找线索。

在四个选项中，一眼就能看出A选项比较特殊，是一个开放的图形，而B、C、D都是封闭的图形。找到线索之后，回到题干，你会发现第一行的前两个图形都是封闭的，第三个图形是开放的；再来看第二行，前两个图形也是封闭的，根据第一行图形的规律推知，问号处应该是一个开放的图形，答案自然是A。

10.图形推理2

【参考答案】

D。

分析四个选项，发现前三个选项都是由直线构成且有角存在的，而第四个选项是由曲线构成且没有角，我们将这个特性带回题干，发现左边三个图形都是有直线并且有角的，而后两个图形都是有曲线并且没有角的，那么问号处自然应该选择D项。

11.数字图形推理

【参考答案】

C。

A选项：1628。1和2是两个非封闭区间，6和8有三个封闭区间（8有两个封闭区间）。

B选项：2015。2、1、5是三个非封闭区间，0有一个封闭区间。

C选项：1940。1是一个非封闭区间，9、4、0有三个封闭区间。

D选项：3001。3、1是两个非封闭区间，0、0有两个封闭区间。

利用逆向思维分析完答案之后，直接套入题干，找到规律，就能轻轻松松地找出正确答案了。

一般来说，先分析封闭区间。

先看左边三个数字：

2019，0、9有两个封闭区间。

1428，4、8有三个封闭区间。

1995，9、9有两个封闭区间。

也就是说，左边一组的封闭区间数是2、3、2。

再来看右边两个数字：

1600，6、0、0有三个封闭区间。

1646，6、4、6有三个封闭区间。

可以看出，右边数字的封闭区间与左边一组的封闭区间数之间的规律不同。

这样就要改变思路，从非封闭区间寻找规律。

2019，有2、1两个非封闭区间。

1428，有1、2两个非封闭区间。

1995，有1、5两个非封闭区间。

也就是说，左边一组的非封闭区间数量是2、2、2。

看右边两个数：

1600，有1一个非封闭区间。

1646，有1一个非封闭区间。

右边一组的非封闭区间数量是1、1。

根据左边一组的规律，问号处的数字封闭区间数也应为1个。

这样答案就很清楚了：C。

只有1940符合要求，只有1一个非封闭区间。

第四章 联想思维习题集参考答案

1.词语联想

【参考答案】

A.猜人名：足球、宇宙队、阿根廷、超级巨星。

梅西。在足球世界被称为"宇宙队"的只有鼎盛时期的巴塞罗那,而巴塞罗那称得上超级巨星的阿根廷人只有梅西。

B.猜品牌:性价比高、手机、产品多元化、科技公司。

小米。小米公司是一家科技公司,做手机起家,采用产品多元化战略。

C.猜一项体育运动,答案为4个字:屡败屡战、归化球员、全民瞩目。

中国足球。如果你将思路只集中在4个字的体育项目就跑偏了,除此之外,应该还是很容易想到答案的。

2.反向联想

【参考答案】

高→矮

抬头→低头

悄悄地→大声地

无忧无虑→忧心忡忡

我不是警察→我是小偷

我不喜欢雨天→我喜欢晴天

3.数字谐音联想

【参考答案】

1314——一生一世

282——饿不饿

330335——想想你想想我

456——是我啦

51396——我要睡觉啦

6868——溜吧溜吧

70345——请你相信我

8074——把你气死

9908875——求求你别抛弃我

191

4.词语串联

【参考答案】

略。

5.点—线—面联想法

【参考答案】

这道题没有固定答案，10秒之内，将你能想到的都写下来吧。

一个黑点：五子棋、芝麻、句号……

一条线：一条河、绳子、红领巾、皮带……

一个面：半个西瓜、一张纸、一张脸……

6.联想速度练习

【参考答案】

答案并不唯一，发挥想象力，看谁能用最短的时间、最少的词汇进行连接。

A.麦田—怪圈—艺术家。

在第一组练习中，我只用了一个词就很好地进行了衔接。很多麦田会在一夜之间出现古怪的图案，甚至一度被认为是外星人的杰作，实际上这些怪圈都是艺术家创作的。

B.油泵—石油—电力—台灯。

油泵开采石油，通过石油进行发电，有电之后就可以点亮台灯。在第二组训练中，通过两个词进行了连接。

7.猜字联想

【参考答案】

A.西班牙。

马德里是西班牙首都。

斗牛是西班牙的国粹。

《皇家进行曲》是西班牙国歌。

96%的西班牙人信奉天主教。

B.霍金。

霍金是现代最伟大的物理学家之一。

他毕业于剑桥大学。

他21岁时患上渐冻症，后来全身瘫痪。

《时间简史》是霍金最著名的作品之一。

8.联想数量练习

【参考答案】

A.严寒、寒冬腊月、冰天雪地、春寒料峭……

B.大众、奔驰、宝马、特斯拉、别克、本田……

C.麻酱、牛肉、羊肉、毛肚、鱼丸……

D.北京、东京、首尔、堪培拉、华盛顿……

9.添字联想

【参考答案】

A.人。

B.雪。

C.山。

10."0"的联想

【参考答案】

·起点。0代表一切的开始。

·希望。从0到1，从无到有。

·完美。没有多一块，也没有少一块，一个整体，代表了完美。

·救生圈、红绿灯、鸡蛋、苹果、太阳、句号……这是从0的形状出发想到的答案。

答案并不唯一，充分发挥你的联想能力吧。

11. 多步联想

【参考答案】

这类题目没有标准答案，写出你的答案之后仔细阅读，只要符合逻辑就可以。

12. 随机联想

【参考答案】

这道题没有正确答案，主要是训练反应能力，不要思考，本能地写出你想到的词语。

13. 巧移乒乓球

【参考答案】

这道题并不简单，要完成乒乓球的移动，至少需要7步。

第一步：将4号球放入C玻璃杯。

第二步：将1号球放入C玻璃杯。

第三步：将5号球放入C玻璃杯。

第四步：将2号球放入B玻璃杯。

第五步：将3号球放入B玻璃杯。

第六步：将5号球放入A玻璃杯。

第七步：将3号球放入A玻璃杯。

14. 翻转高脚杯

【参考答案】

最少翻转3次即可。

初始状态：

第一次翻转前三个酒杯：

第二次翻转3、4、5号酒杯：

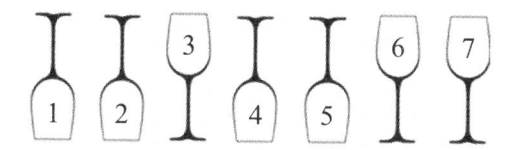

第三次翻转3、6、7号酒杯：

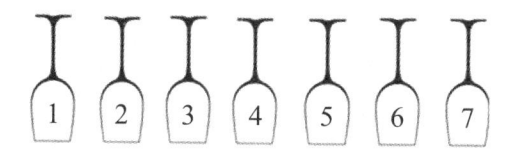

第五章　逻辑思维习题集参考答案

1．取水问题

【参考答案】

如果你看到这道题之后，第一感觉是无解，那么说明你的逻辑思维能力非常差。这道题只要分步骤进行，还是可以很快给出答案的。

第一步：灌满5升的水壶，倒在6升的水壶里面，这时6升的壶里面装着5升水。

第二步：再次灌满5升的水壶，然后灌满6升的水壶，这时5升的壶里还剩下4升水。

第三步：把6升的水壶里的水倒掉，再把5升的水壶里剩余的4升水倒入6升的水壶里，这时6升的水壶里有4升水。

第四步：再次用5升的水壶盛满水，然后灌满6升的水壶，相当于从5升的水壶里面倒出2升水，这时5升的水壶就剩下3升水了。

2. 老教授的年纪

【参考答案】

可能。教授说这句话的那天是1月1日，他的生日则是12月31日，所以12月30日时他81周岁，12月31日时他82周岁，1月1日时他83虚岁。

3. 如何移动玻璃杯？

【参考答案】

把第二只盛满水的杯子里的水，倒入第五只空杯子里就可以了。

4. 赚了多少钱

【参考答案】

20元。

5. 电子游戏

【参考答案】

这道题其实并不难，游戏主人公可以先从一楼开始捡起宝石，电梯在每层停下时，他只需要将手中的宝石与每层楼的宝石比一比大小即可，如果那一层楼的宝石比手中的大，那么直接替换就可以。

6. 我是谁

【参考答案】

阿根廷足球运动员里奥·梅西！

梅西是巴塞罗那当之无愧的领袖，大部分职业生涯都效力于此，他在巴塞罗那获得了多项荣誉，然而在阿根廷国家队的成绩却不理想，始终无法赢得世界杯冠军。

7.我是什么

【参考答案】

街舞。

8.过桥

【参考答案】

第一次过桥：甲和乙同行，以速度较慢者乙为准，也就是需要2分钟。

第一次返回：甲的速度快，所以甲返回送手电筒（1分钟）。

第二次过桥：丙和丁，以速度较慢者丁为准，也就是需要10分钟。

第二次返回：此时，桥的另一端一共有3个人，自然选择速度最快的乙返回送手电筒（2分钟）。

第三次过桥：只剩下两个人了，甲和乙，按速度最慢者乙的时间计算，用时2分钟。

合计：17分钟。

9.微软面试题

【参考答案】

由题干可知：一根绳子从两头同时开始烧，烧完用时30分钟。

第一步：点燃第一根绳子的一头，同时点燃第二根绳子的两头。第二根绳子烧完刚好是30分钟。

第二步：将第一根绳子的另一头点燃，烧完刚好45分钟。

第三步：从两头同时点燃第三根绳子，这根绳子烧尽正好总用时为1小时15分钟。

10.厨师长的烦恼

【参考答案】

（1）三种蔬菜都要的客人一共有多少位？

14位。

（2）要其中两种蔬菜的客人一共有多少位？

4位。

（3）只要西蓝花的客人有多少位？

18位。

（4）只要西红柿的客人有多少位？

7位。

（5）只要土豆的客人有多少位？

8位。

11. **女演员多大了？**

【参考答案】

这道题使用排除法就可以很轻松找出答案：B。

根据题干可知，4人中只有1个人的猜测是对的，分析如下：

若甲对，女演员不超过25岁，那么丁的猜测也是合理的，故排除A。

再来看B选项，女演员年龄在40岁以上，那么只有丙的猜测是对的，其他人都是错的，符合题干要求，因此正确答案是B。

使用排除法，到这里就得出答案了，在实际解题过程中节省了很多时间。后面两个选项按理说就不用看了，我们为了讲解清楚，再分析一下。

若C选项正确，那么丙、丁的猜测可能都对，故排除。

若丁对，女演员的年龄在40岁以下，那么甲、乙的猜测都是有可能的，所以D也被排除。

12. **数学逻辑**

【参考答案】

最简单的方法是将61水平翻转，再垂直翻转，就变成了91，再加上18，就等于100了。

13. 谁先试车

【参考答案】

从理论上来说，硬币无限次抛掷，正、反面朝上的概率均接近于50%。如果两个硬币同时抛掷，我们设定其中一个硬币为A，另一个硬币为B，那么可能出现四种情况：

A正面，B正面；

A反面，B反面；

A正面，B反面；

A反面，B正面。

即有一种情况是两个都正面朝上；有一个可能是两个都反面朝上；有两种情况是一正一反。

两正、两反、一正一反的可能性分别为：1/4，1/4，2/4。

由上面的分析可知，甲、乙、丙3人约定的方法对于决定第一个试车的人来说，是不合理的，丙得到第一的机会要比甲、乙多；对于决定第二、第三来说，是合理的。

14. 惩戒

【参考答案】

第976位。

总人数为1000人，2的10次幂是2的n次方中大于1000的最小数字，也就是1024。

接下来套用公式：1024-2×（1024-1000）=976。

15. 房屋的高度

【参考答案】

绳子折4折后，上端超出50厘米，房檐上方余下的绳子为：4×50=200厘米。

绳子折5折后，还差16厘米，所差绳子为5×16=80厘米。余下的绳

199

子长度和所差绳子长度之和就是房屋的高度,即4×50+5×16=280厘米。

也就是说,这所屋子的高度大约为2.8米。

16.袜子在哪里?

【参考答案】

在黄色箱子里。

我们用排除法分析一下:

辛迪:巧克力→黑色箱子,其他礼物→黄色箱子。

温妮:芭比娃娃→红色箱子,袜子→绿色箱子,巧克力→黑色箱子。

杰西卡:芭比娃娃→绿色箱子,其他礼物→白色箱子。

黑色与绿色的箱子是空的,那么只剩下黄色、白色和红色的箱子。

3个人分别说对了一种互不相同的礼物的位置:

推论1:辛迪:巧克力→黑色箱子;温妮:芭比娃娃→红色箱子;杰西卡:其他礼物→白色箱子。

按这个推理思路显然不成立,因为杰西卡所说的其他礼物可能是袜子也可能是巧克力,故排除。

推论2:辛迪:其他礼物(袜子)→黄色箱子;温妮:芭比娃娃→红色箱子;杰西卡:其他礼物→白色箱子。

辛迪说的其他礼物包括袜子与巧克力,假设是袜子;温妮说的芭比娃娃在红色箱子里,而杰西卡说的其他礼物只能是巧克力,并且在白色箱子里,符合"三个人分别说对了一种互不相同的礼物的位置"的推论。也就是说,袜子应该在黄色的箱子里。

17.巧移木棍1

【参考答案】

只需移动等号右边的数字"7"即可,将右边变为5-1,这样两边都等于4。如下图:

$3+1=5-1$

18. 巧移木棍2

【参考答案】

步骤1：移动右上角正方形右侧的木棍至左侧，形成一个新的正方形，如下图：

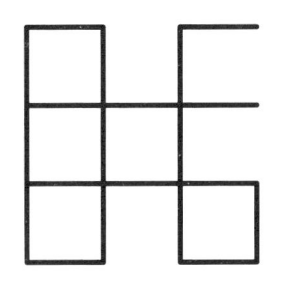

步骤2：继续移动右上角正方形上面的木棍，往左移，如下图：

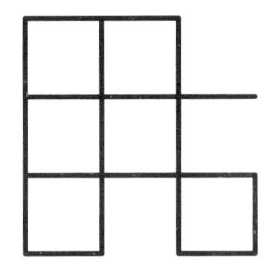

这样，正方形的总数量增加了1个。

步骤3：移动右上角正方形的最后一根木棍，补齐第三排第二个正方形，如下图：

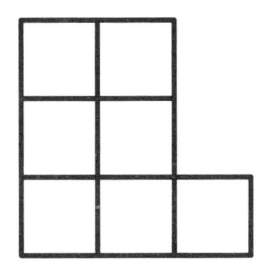

至此，正方形的总数为7个，比之前增加了2个。

19.巧移木棍3

【参考答案】

依次取下左上、右上与最底下的木棍，组成一个全新的三角形，如图所示：

20.巧移木棍4

【参考答案】

21.找规律填数字

【参考答案】

仔细观察两个图就会发现，1和0（上下互换），4和8（左右互换）的位置进行了互换，也就意味着其他相应位置的数字也需要互换，即3和2互换（斜对角互换）、7和6互换（斜对角互换）。

2	0	6
8		4
7	1	3

22.单词游戏

【参考答案】

第一组：stone→shone→shine→thine→think。

第二组：hare→hark→hank→hunk→junk。

第三组：breen→breed→bleed→blend→bland→blank。

23.数字规律

【参考答案】

第一组答案：3515。

第一组数字的规律比较简单，每行第一个数字的前两位数乘以第一个数字的后两位数，得到第2个数字。例如，第一行：44×67=2948，按这个规律往下推即可。

第二组答案：1815。

第二组数字的规律是，每一行第一个数字的最外侧的两个数字相乘，得出第二个数字的前两位数；第一个数字中间两位数相乘，得出第二个数字的后两位数。例如，第一行：9×6=54，9×4=36，得出第二个数字5436，按这个规律继续往下即可。

第三组答案：64。

第三组数字的规律是，每一行第一个数字前两位数减去后两位数，得出第二个数字。例如，第一行：99-65=34，3-4=-1。以此类推，得出答案。

24.合并单词

【参考答案】

不要被熊猫的图片迷惑，这里面没有panda这个词。

Rat（老鼠）、bat（蝙蝠）、whale（鲸）、rabbit（兔子）、snake（蛇）、seal（海豹）、bear（熊）、ant（蚂蚁）、anteater（食蚁兽）。

也许你的词汇量很大，你还能想到什么动物呢？赶快补充吧！

25. 宾客座位

【参考答案】

Cason夫妇。

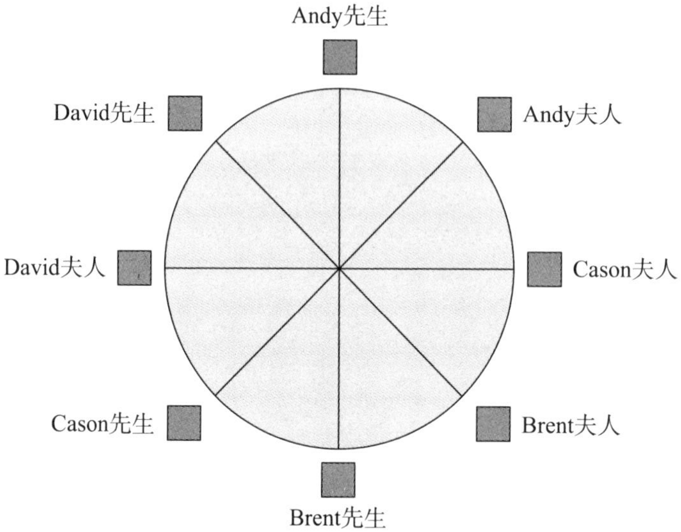
Andy先生
Andy夫人
Cason夫人
Brent夫人
Brent先生
Cason先生
David夫人
David先生

宾客座位

26. 站队问题

【参考答案】

这道题很简单，只要按照五角星的形状站位即可，如下图：

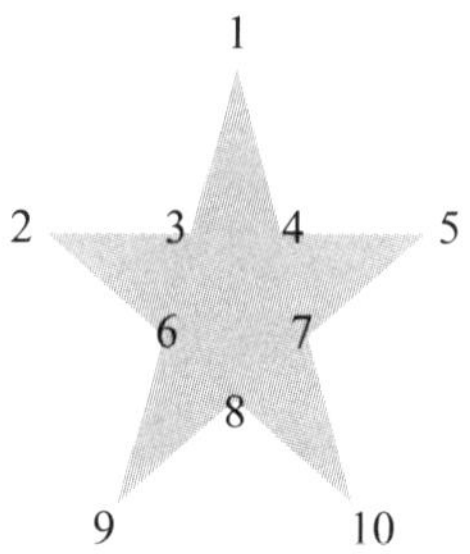
1
2
3
4
5
6
7
8
9
10

第一排：2号、3号、4号、5号。

第二排：1号、3号、6号、9号。

第三排：1号、4号、7号、10号。

第四排：2号、6号、8号、10号。

第五排：5号、7号、8号、9号。

27.图形规律

【参考答案】

A。

仔细观察就能发现，每一行的3个方框中，三角形的数量都在逐渐减少。进一步观察后发现，每个方框中只有第一行的三角形在减少，如此推理就能轻松得到答案。

28.移动木棒

【参考答案】

｜｜｜｜｜　｜　｜｜｜｜｜

｜　　　　｜

｜｜｜｜｜　｜｜｜｜｜

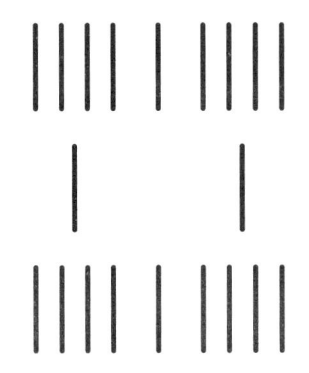

这是其中一种比较简单、直观的方法，据说还有一种横向思维的方法，你能想得到吗？

29.图形逻辑

【参考答案】

D。

这道题的规律是，以"△☆□○×"为一组，按照第一行从左往右，第二行从右往左，第三行从左往右的顺序依次排列。

第六章　图形推理习题集参考答案

1.

【参考答案】

A。

这是一道很明显的图形翻转题，第一排第一张图向右翻转之后变成第二张图，第二张图向下翻转之后形成第三张图，按这个规律进行推理。

我们来分析第二排图片，第一张图向右翻转之后变成第二张图片，第二张图片向下翻转之后就是答案。这道题唯一迷惑的就是，第二张图片向下翻转之后形成的第三张图片没有变化，有些人会因此产生犹豫。

2.

【参考答案】

B。

这道题属于根据相似程度进行简单归类，从而找出规律的题型。九宫格里面的元素相似，只有黑方块与白方块两种元素，将其进行规律叠加。

我们先看横向叠加是否行得通。为了便于理解，我将第一排进行编号讲解。

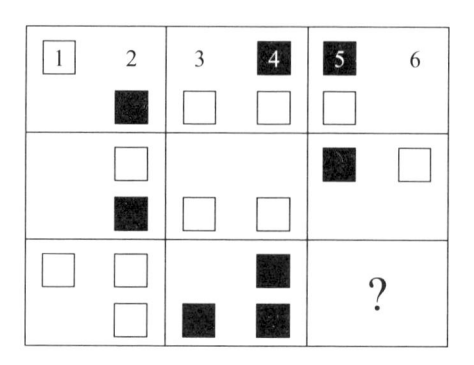

如图所示，第一排上半部分：

白（1）+空白（3）=黑（5）

空白（2）+黑（4）=空白（6）

第一排下半部分：

空白+白=白

黑+白=空白

第二排上半部分：

空白+空白=黑

白+空白=白

第二排下半部分：

空白+白=空白

黑+白=空白

很明显，画线部分是相互矛盾的，也就是说规律并非横向叠加。

再来看纵向叠加，为了便于理解，将第一列进行编号讲解。

如图所示，第一列左半部分：

白（1）+空白（3）=白（5）

空白（2）+空白（4）=空白（6）

第一列右半部分：

空白+白=白

207

黑+黑=白

第二列左半部分：

空白+空白=空白

白+白=黑

第二列右半部分：

黑+空白=黑

白+白=黑

根据前两列的分析，找到答案。

第三列左半部分：

黑+黑=白

白+空白=白

第三列右半部分：

空白+白=白

空白+空白=空白

由此可知，答案为B。

3.

【参考答案】

C。

从图中可以看出，3个三角形中第二行数字之和减去第一行数字，都等于1，根据这个条件分析选项，很显然B选项不符合要求，故排除。

继续分析图形规律，3个三角形中第三行数字的前两个数字相加，等于第二行的第一个数字；第三行数字的后两个数字相加，等于第二行的第二个数字。将这个规律套入选项进行验证。这时候选项只剩下A与C，先来看A。很显然，第三行的后两个数字相加等于6，与第二行的第二个数字不符。因此，最终的答案是C。套入规律验证之后确认无误。

4.

【参考答案】

B。

通过对第一行图形的观察，很容易发现这是一道考察去同存异的题目。前面已经讲过，这类题目就是去掉相同的部分，保留不同的部分，仔细看第一行中的前两个图形，四个角上的圆形是相同的，去掉之后合并图形，就得到了第三个图形。根据这个规律，很容易发现答案。

我们具体分析第二行图形。前两个图形相同的部分同样是四个角上的圆形，去掉之后合并图形，第一个图形保留方框，第二个图形保留中间的图形，结果就是B。

5.

【参考答案】

A。

这道题目看上去跳跃性有些大，实际上聪明的玩家很快就能想到，前面一道题讲的是去同存异，接下来有很大概率会讲到去异存同的题型。分析第二行图形很容易看出来，去掉了前两个图形不同的部分得到了第三个圆形。那么直接将规律套入第二行就行了。

令很多人感到迷惑的地方就在于图形变成了文字，实际上解题思路是一样的。我们来看一下，第一个字是"边"，第二个字是"动"，两个字不同的地方分别是"辶""云"，去掉之后进行合并，结果就是"力"，因此选A。

6.

【参考答案】

B。

这道题很简单，属于合并图形，由第一行可以看出，第二幅图与第三幅图合并，得到第一幅图。因此，很自然推理出答案为B，它与第二行第二个三角形合并，就得出了第一幅图中的正方形。

7.

【参考答案】

D。

刚开始看到这道题的时候，我第一反应是答案为字母"E"，因为第一行代表数字1、2、3，是连续的，那么第二行自然也应是三个连续的字母C、D、E，然而答案并没有字母E，所以必须换一个思路。

于是我重新思考，发现可以从笔画的角度切入。第一行分别对应的是1画、2画、3画；第二行的"C"是一笔写下来的，算作1画；"D"需要两笔才能写出来，2画，那么问号处自然应该是3画。由此可知，答案应该选择D。

8.

【参考答案】

A。

根据第一行分析，W可以拆分为4条直线，C没有直线，H则是3条直线。

再看第二行，E可以拆分为4条直线，O没有直线，那么根据第一行的规律，问号处应该是能够拆分为3条直线的字母。我们分析一下选项：K有3条直线，M有4条直线，T有2条直线，P有1条直线。因此，答案为A。

9.

【参考答案】

D。

这道题比较复杂，很多人容易犯以偏概全的错误。例如，有些人只注意某一个箭头的变化，而忽视了其他箭头的变化。实际上，除了5号箭头，其他箭头均发生了变化。我们逐一分析：

1号箭头每次向右移动一步，2号箭头每次向右移动两步，3号箭头每次向右移动三步，4号箭头每次向右移动四步，按照这个规律，推理出图5，也就是说1号到4号箭头最后都将与5号箭头重合，故答案选D。

10.

【参考答案】

D。

只要你熟悉英文字母表，会很快意识到这是一道字母顺序题。第一行每两个相邻的字母中间隔了1个字母。第二行跟你想的不一样？仔细看看，只不过是每两个相邻的字母之间隔了两个字母而已，只要将字母表列出来就会很轻松找到答案。这一段字母表的排列为：F、G、H、I、J、K、L、M、N、O，也就是说答案是字母"O"，因此选择D。

11.

【参考答案】

这是一道图形分割题，多动手在纸上画一画，很容易找到思路。

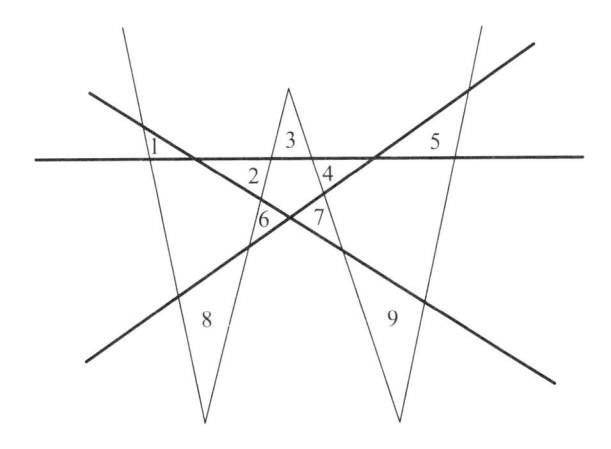

12.

【参考答案】

C。

很明显，这是一道图形旋转题，我们先来分析第一组图，第一个图左右旋转得到第二个图，第二个图上下旋转得到第三个图；第二组图也是同样的规律，由此推断出第三组图的答案。

13.

【参考答案】

B。

乍一看这些图形并没有什么规律，形状差异比较大，属于相异图形。这类图形规律题，需要分别从点、线、角、封闭空间等因素逐一排查。前两幅图分别由两部分组成，后两幅图则由一个部分组成，没有相同的规律。

对于熟悉的玩家来说，没必要一个个试，看到这类简单的图形就会心中有数，从选项入手进行排除。例如，这道题从交点数中可以找到规律。从第一幅图到第四幅图，分别有1、2、3、4个交点，那么第五幅图肯定有5个交点，按照这个规律寻找答案。很显然，答案应该是B。

14.

【参考答案】

B。

能否提高解题速度，取决于你的切入角度，如果你一眼就能迅速找到规律，选准切入点，那么很快就会发现答案。当然，这需要平时的大量练习。

这道题一看就是从直线数量找规律。一般来说，我们习惯于横向寻找规律，第一行直线数量：3、5、6；第二行直线数量：0、4、2；第三行直线数量：3、1、？。

看吧，毫无规律可言。这时就应该立即切换角度，从每列图形进行判断。第一列直线数量：3、0、3；第二列直线数量：5、4、1；第三列直线数量：6、2、？。

发现什么规律了吗？第一列后两个图形的直线数量相加，等于第一个图形的直线数量。同样，第二列也符合这个规律。推理至第三列，答案自然是一个拥有4条直线的图形，因此选择B。

参考答案

15. 分割三角形

【参考答案】

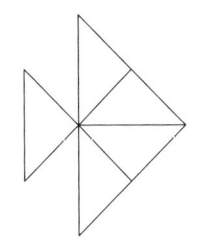

16. 妙分笑脸

【参考答案】

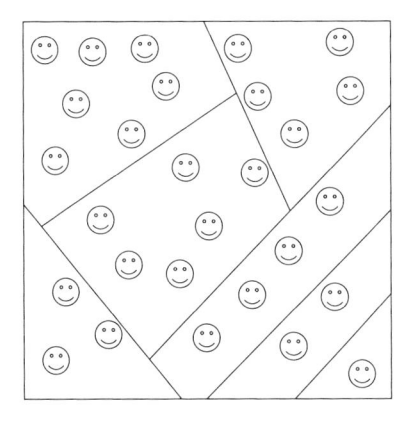

17. 智力拼图

【参考答案】

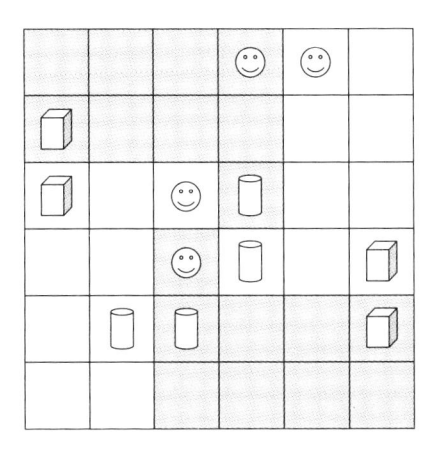

213

是不是很烧脑？你需要拿出纸、笔动手画一画，更容易找到正确思路。

18. 拿走爱心

【参考答案】

♥	♥		
♥	♥	♥	♥
♥			♥
♥		♥	

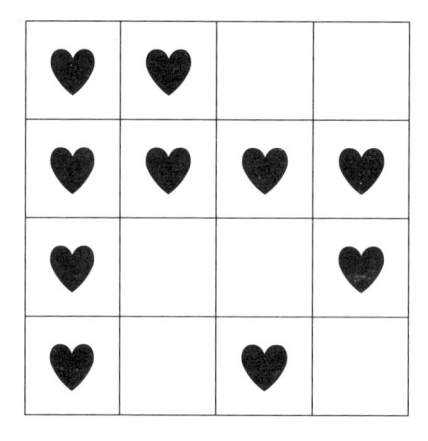

19. 方格填字

【参考答案】

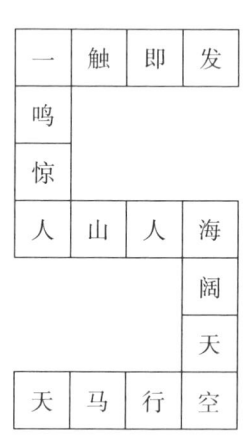

一	触	即	发	
鸣				
惊				
人	山	人	海	
			阔	
			天	
天	马	行	空	

图书在版编目(CIP)数据

思维大爆炸.挑战超级脑力的创新思维游戏/未铭著.—北京：中国法制出版社，2020.6

（福尔摩斯头脑风暴系列）

ISBN 978-7-5216-0943-1

Ⅰ.①思… Ⅱ.①未… Ⅲ.①智力游戏 Ⅳ.①G898.2

中国版本图书馆CIP数据核字（2020）第039858号

策划编辑：杨 智（yangzhibnulaw@126.com）

责任编辑：杨 智 王 悦（wangyuefzs@163.com） 封面设计：汪要军

思维大爆炸.挑战超级脑力的创新思维游戏
SIWEI DABAOZHA.TIAOZHAN CHAOJI NAOLI DE CHUANGXIN SIWEI YOUXI

著者/未铭

经销/新华书店

印刷/三河市国英印务有限公司

开本/710毫米×1000毫米 16开 印张/14 字数/181千

版次/2020年6月第1版 2020年6月第1次印刷

中国法制出版社出版

书号 ISBN 978-7-5216-0943-1 定价：42.80元

北京西单横二条2号 邮政编码100031 传真：010-66031119

网址 http://www.zgfzs.com 编辑部电话：010-66034985

市场营销部电话：010-66033393 邮购部电话：010-66033288

（如有印装质量问题，请与本社印务部联系调换。电话：010-66032926）